Éric Brisbare

Avec la collaboration de Anne-Charlotte Fraisse

Un bain de forêt

Découvrez le pouvoir de la sylvothérapie

Marabout

« Quand je suis parmi vous, arbres de ces grands bois,
Dans tout ce qui m'entoure et me cache à la fois,
Dans votre solitude où je rentre en moi-même,
Je sens quelqu'un de grand qui m'écoute et qui m'aime. »

Victor HUGO, *Les Contemplations*,
« Aux arbres » (1856)

Sommaire

Venez dans votre bain de forêt avec moi

Tout commence dans les Vosges où j'ai vu le jour, sous la protection bienveillante de cette fameuse ligne bleue qui flotte au-dessus des cimes. Comme Obélix, je suis tombé dans la marmite quand j'étais tout petit : sitôt les portes de la maternité franchies, mes parents m'ont présenté aux splendeurs du lac de Gérardmer, au cœur du massif des Vosges. Mon baptême de verdure était fait ! Je suis tombé amoureux de la nature très jeune, à 4 ans à peine, lors d'une randonnée en montagne dans le parc national de la Vanoise, où j'ai découvert la beauté de cette nature. Profondément, mon cœur d'enfant a su dès cet instant qu'un grand amour était en train de naître. Le contact avec les arbres a toujours été pour moi viscéral et tactile : difficile de passer à côté de l'un d'eux sans y toucher ! Adulte, je suis devenu ce que l'on appelle un « slasheur » : je pratique deux métiers très différents, des vies sans aucun rapport entre elles structurent mon quotidien ; la semaine consultant, et sylvothérapeute et accompagnateur en montagne le week-end. Je travaille pour une grande multinationale depuis plus de douze ans. Je connais la pression des journées de travail à rallonge, de l'open space saturé d'ondes et de miasmes, des objectifs de résultats, des délais intenables, des objectifs financiers et des situations conflictuelles. Je prends les transports en commun pendant une heure trente tous les jours, avec les sempiternels retards et annulations qui me frustrent, m'énervent et me stressent. Les gens autour de moi ont des mines aussi grises que le temps dehors. Les employés de ma société restent rarement en poste plus de deux ans tant la pression est forte.

Au milieu de tout cela, j'ai souvent eu cette sensation de ne pas dédier mon temps aux choses essentielles de la vie. Comment garder son équilibre quand la vie vous bouscule ?

La reconnexion avec la nature participe à cet équilibre fondamental, au bonheur, et surtout à la réduction du stress. J'ai constaté que la forêt me rendait ma sérénité, améliorait ma santé. Ce grand écart entre bureaux rutilants et arbres remarquables me fait parfois me sentir comme une espèce de druide moderne en costume-cravate, qui n'enfile pas une toge pour partir en week-end, mais des chaussures de randonnée !

Pas besoin d'être chaman ou mystique, botaniste, scientifique ou garde forestier pour apprécier les bienfaits de la nature. Le bain de forêt est un moyen de se détendre simple, accessible à tous et gratuit. Une paire de chaussures confortables et de la curiosité sont les seuls équipements nécessaires pour se détendre et se recentrer. Lorsque j'ai découvert la sylvothérapie, je n'ai pas tout plaqué pour passer mes journées à embrasser des arbres. Simplement, ma vie professionnelle intense s'est équilibrée tout en prenant le temps de garder ce lien avec la nature.

Je vous propose d'être votre guide vers ce retour indispensable à l'équilibre, ces plaisirs simples et sans matérialisme, qui sont l'axe central de ma vie. Laissez-vous entraîner par l'idée du bonheur que l'on crée soi-même en appréciant les choses simples. Sortons des sentiers battus et découvrons ensemble, avec des yeux émerveillés, ces trésors accessibles.

Le bonheur est dans la nature, et c'est pour cette raison que je suis devenu sylvothérapeute : partager avec vous la beauté d'un paysage, sans le photographier pour le poster sur Instagram, mais en appréciant pleinement le moment présent.

À travers le livre que vous tenez entre vos mains, je veux vous parler de mon expérience, de l'incroyable rencontre avec les arbres, de ce qu'ils m'ont apporté et de ce que cela peut vous apporter à vous aussi. Ces amis immenses, silencieux, qui traversent les âges avec ténacité, ont des trésors à partager avec ceux qui savent les écouter attentivement.

La sylvothérapie, ça s'apprend ?

C'est une expérience de terrain, la construction d'un herbier quand j'étais enfant, qui a probablement été le point de départ de toute cette aventure. Puis, une fois adulte, ce sont quatre années de promenades, de rencontres avec les arbres, de recherche de parcours remarquables pour partager avec les autres ma passion. Aller dans des endroits où personne ne va jamais, c'est la certitude de rencontrer des arbres puissants, qui n'ont jamais été en contact avec l'humain. Leur charisme incroyable rend la rencontre encore plus forte.

En 2009, alors que je travaillais déjà depuis quatre ans, j'ai peaufiné ces expériences sur le terrain avec des lectures inspirantes comme *La Vie de la forêt*[1] de Bernard Fischesser,

1. *La Vie de la forêt*, Bernard Fischesser, Éditions de La Martinière, Paris, 2009.

un ingénieur agronome et forestier qui a participé à la création des parcs nationaux français. Cependant, il y a quand même eu un tournant majeur dans ma vie…

Quand les forêts nous font changer de vie

C'est lors d'une randonnée sur l'île de La Réunion que j'ai ressenti le besoin de devenir accompagnateur en montagne. Ces deux semaines de congés prises au milieu d'une vie très « métro-boulot-dodo », c'était mon Eldorado, ma respiration tant attendue dans une vie en apnée, privée de verdure et de grands espaces. En décembre 2009, je traverse ainsi l'île de La Réunion à pied, passant par des forêts primaires, non transformées par l'homme. Sur le sentier de randonnée de la plaine des Chicots, un plateau montagneux sur les hauteurs de l'île, nous dirigeant vers le sommet de la réserve naturelle de la Roche écrite, nous avons marché dans la forêt primaire de la plaine d'Affouches. C'est alors que j'ai eu envie de partager cette expérience quasi mystique d'une richesse de la nature si surprenante : voir ces goyaves et ces orchidées, ressentir cette chaleur et la pluie tropicale qui arrive soudainement. Puis, en prenant de l'altitude, humer l'air qui s'assèche, sentir le froid, voir la végétation disparaître progressivement, des arbres qui peu à peu deviennent des broussailles, découvrir une roche volcanique poreuse et, à proximité du volcan actif, la terre vivant sous nos pieds. Enfin, arriver au-dessus des nuages, au sommet du piton des Neiges, voir le soleil se lever à 3 200 mètres. Le reflet de la montagne à l'horizon et la mer de nuages en dessous, j'ai ressenti cette magnifique force de la nature. C'est là que j'ai compris une chose élémentaire, pourtant fondamentale : le soleil se lève 365 jours par an. Combien d'occasions avons-nous, pendant ces 365 matins pleins de promesses, de contempler sereinement ce jour nouveau qui arrive ? Dans le meilleur des cas, une ou deux. Quel dommage ! J'ai voulu mettre plus de débuts de journée comme celui-ci dans ma vie !

Et puis… randonner dans une forêt immense, aux arbres gigantesques, où les tamarins sont vieux, marqués, recouverts de mousses qui tombent des arbres en cascade comme la barbe de Merlin l'enchanteur, mêlés à la brume, c'était un véritable autre monde, une ambiance incroyable qui m'a transporté. J'ai éprouvé un profond respect, je me suis senti tout petit au milieu de cette immensité préservée. Depuis lors, mon envie de partager cette émotion avec vous ne m'a pas quitté, et j'ai décidé de me former au métier d'accompagnateur en montagne dans le Jura. En 2011, je me suis lancé à la conquête du diplôme d'État d'alpinisme-accompagnateur en moyenne montagne, grâce à l'École nationale des sports de montagne. C'est une formation exigeante, composée de nombreuses étapes, souvent suivie par de vrais montagnards, habitués à la rudesse de l'environnement. Je n'en menais pas large, sorti de mon open space ! J'ai dû travailler dur pour acquérir ma légitimité. Mon diplôme en poche, j'ai commencé à pratiquer avec des groupes : les sorties en raquettes et autres activités de moyenne montagne comme le trail et la course d'orientation ont très vite été rattrapées par mon amour des arbres, et j'émaillais d'anecdotes et d'informations mes sorties dans les Vosges. À partir de ce métier d'accompagnateur en montagne, j'ai progressivement découvert et construit la pratique spécifique des bains de forêt. Je l'ai d'abord partagée avec des groupes et, maintenant, je souhaite les faire vivre non plus seulement individuellement ou à travers les personnes que j'accompagne physiquement dans la forêt, mais avec vous, lecteur, qui avez eu la curiosité d'ouvrir ce livre.

Première partie

Un bain de forêt, qu'est-ce que c'est ?

Les bains de forêt et la sylvothérapie sont à la mode, vous en avez sans doute déjà entendu parler dans les médias. Mais qu'est-ce que c'est ? Si vous pensiez que c'est juste un truc un peu louche pour hippies post-soixante-huitards perchés qui font des câlins aux arbres, vous n'auriez probablement pas ce livre entre les mains. Vous savez, au fond de vous, que le contact avec la nature est bénéfique, comme les Japonais l'ont compris et étudié depuis de nombreuses années. Mais pourquoi le contact avec les arbres nous fait-il tant de bien ? Et comment ? Entrons ensemble dans cette vaste forêt du bien-être.

Chapitre 1

Des influences japonaises, mais pas que !

Lorsque l'on parle de bains de forêt, c'est souvent le Japon qui est mis à l'honneur.

Là-bas, on pratique le *shinrin-yoku*, que l'on peut traduire littéralement par « bain de forêt ». Ce terme recouvre à mon sens toute la douceur que l'on éprouve à se glisser dans cet environnement apaisant, fait de couleurs nuancées. Il m'évoque aussi la douceur d'un bain de soleil, si simple à réaliser et tellement bénéfique pour le moral ! Le *shinrin-yoku* est une tradition japonaise séculaire, reconnue par le gouvernement comme une thérapie depuis le 29 juillet 1982 (veille de ma naissance… Coïncidence ? Je ne crois pas !). C'est un certain M. Akiyama, à l'époque directeur de l'administration forestière du gouvernement japonais, qui inventa ce terme. Depuis, de nombreux chercheurs, à l'instar du Dr Yoshifumi Miyazaki, professeur à l'université de Chiba au Japon, ou encore du professeur Qing-Li, attaché à la Nippon Medical School à Tokyo, se sont emparés du sujet, afin de prouver scientifiquement les bienfaits apportés par la forêt. Des résultats probants, qui ont permis aux bains de forêt d'arriver jusqu'à nous ces dernières années. Nous verrons en détail dans le chapitre suivant (page 37) que les effets du bain de forêt sur le corps sont bien réels et mesurables par la science, dans nombre de cas précis de pathologies ou de stress.

Les traditions japonaises font la part belle à la nature, et, si l'on pratique le *shinrin-yoku* dans toutes les forêts du pays, il existe cependant un moment particulier de poésie : de janvier à avril, d'Okinawa à Tokyo, les cerisiers fleurissent, et c'est l'occasion de grandes réjouissances. Cette célébration des cerisiers en fleur se nomme *hanami*, qui se traduit par « regarder les fleurs ». Tous les parcs et jardins sont investis par les Japonais pour des agapes joyeuses sous les bons auspices de ces fleurs délicates. Leur apparition signait le début de la période de plantation du riz, on présentait alors aux dieux des offrandes faites de nourriture et de saké (alcool de riz) afin d'assurer de bonnes récoltes ultérieures. La floraison ne dure pas longtemps (environ dix jours), symbole fort du caractère éphémère de la vie, mais aussi de sa beauté pour qui sait la contempler.

En France non plus, la sylvothérapie n'est pas une nouveauté : on trouve les premières mentions de « cures forestières en climat sylvestre » en 1912 dans la *Revue des eaux et forêts*. Mais, déjà en 1800, on s'intéresse aux climats des forêts landaises pour la santé des patients, pressentant qu'il y a un lien entre l'état des patients du sanatorium d'Arcachon et l'amélioration de leurs conditions physique et psychique. Entre 1835 et 1902, plusieurs médecins, notamment les Drs Lalesque, Peyrera et Duphil (dont la thèse portait sur des mesures de l'air à Arcachon), constatent l'action positive sur la réduction des bactéries des promenades dans les forêts de résineux et de pins des Landes. Il faut cependant attendre un siècle, 1985, pour qu'un ingénieur des eaux et forêts, Georges Plaisance, se passionne pour l'effet de la forêt sur la santé et publie un livre, *Forêt et santé*[1], sur ses observations des effets bénéfiques de la fréquentation des forêts sur la physiologie et la psychologie humaines. La sylvothérapie française est née. Aujourd'hui, l'exploration, la connaissance et la préservation de la forêt continuent à se développer grâce aux gardes forestiers et à tous les métiers de la gestion des forêts, des accompagnateurs et guides, mais aussi par le biais des nombreuses professions de santé et de bien-être qui s'intéressent de plus en plus aux bénéfices du contact avec les arbres. L'Office national des forêts (ONF) rassemble 10 000 professionnels qui régissent les forêts publiques de France, assurent la préservation de la biodiversité, forment et renseignent les promeneurs et, bien sûr, gèrent les besoins de production et de récolte de bois. Comme nous le verrons dans le dernier chapitre, les départements ont aussi à cœur de préserver ou de restaurer la biodiversité de leurs espaces verts grâce à une gestion différente et plus écologique : moins de pelouses taillées au carré et de massifs de fleurs gourmands en eau, plus de prairies et de friches… Partout la vague verte fait des émules, pour notre plus grand bonheur.

Le vert, couleur de l'espoir et plus encore

La verdure qui nous fait tant de bien est un mélange de jaune, couleur tonifiante, solaire et chaude, et de bleu, couleur de l'ombre froide et apaisante. Cette union crée naturellement un effet apaisant pour l'œil.

1. *Forêt et santé : guide pratique de sylvothérapie. Découvrez les effets bienfaisants de la forêt sur le corps et l'esprit*, Georges Plaisance, Éditions Dangles, coll. « Écologie et survie », 1985.

La sylvothérapie, telle que j'envisage de la partager avec vous, est donc un mélange d'héritages séculaires, venant des quatre coins du monde, d'une sagesse intuitive validée par des recherches scientifiques et d'un partage d'expériences personnelles et de conviction que nos sens, une fois connectés à l'essentiel, nous indiquent la direction à prendre pour notre bien-être.

Chapitre 2

Pourquoi en avons-nous vraiment besoin ?

Vous avez l'impression que tout va trop vite, tout le temps ? Quand on regarde à quel point notre quotidien a changé en quelques dizaines d'années à peine, avec les ordinateurs, puis les smartphones, l'information en continu, les buzz, les « clashs » et les messages auxquels il faut répondre dans l'instant..., pas étonnant que l'on éprouve de plus en plus le besoin de s'en éloigner pour se recentrer sur soi et ses ressentis. Nous avons tous eu une bonne grosse migraine à force de rester scotchés sur notre écran, oubliant presque de cligner des yeux !

Pour se déconnecter des écrans

Une étude du Crédoc (Centre de recherche pour l'étude et l'observation des conditions de vie) publiée en 2017 sur nos usages du numérique dans l'Hexagone révèle que 81 % de la population possède un ordinateur et 94 % un téléphone mobile. C'est avec ce dernier que l'on passe le plus de temps sur le Web.

Au milieu de tous ces écrans, on estime qu'un adulte y passe en moyenne huit heures par jour. Une étude menée en 2016 par des chercheurs de l'Inserm sur des rats exposés aux lumières bleues et aux LED, qui peuplent nos smartphones, tablettes et écrans, ainsi que nos éclairages domestiques, fait craindre que ces derniers soient nocifs pour la santé de nos yeux. Les cellules rétiniennes, pas armées pour faire face à ces lumières sur des durées prolongées, se suicident carrément ! Sans même parler des enfants, tout aussi accros que nous et dont les yeux sont encore plus vulnérables face aux écrans.

Si nos yeux trinquent, la répercussion sur le crâne se fait aussi sentir : maux de tête, migraines, tension des épaules… Et ce temps passé à regarder les écrans influence bien d'autres aspects de notre vie : c'est du temps que l'on ne passe pas à communiquer directement avec les autres, famille, amis ou collègues, ce lien social dont nous avons pourtant tant besoin. C'est également du temps de sédentarité qui a un impact sur notre forme physique : l'Organisation mondiale de la santé (OMS) considère que 3,2 millions de décès par an sont imputables au manque d'exercice ! Il suffirait de marcher trente minutes au minimum trois fois par semaine selon le ministère de la Santé – un peu plus selon l'OMS… Mais, quoi qu'il en soit, lâcher son fil d'actualités sur les réseaux sociaux, ses mails et la télé, c'est du temps en plus pour sortir prendre l'air et se faire du bien.

Nous sommes constamment sollicités par la présence de mails sur nos portables, ayant l'impression d'être joignables tout le temps, même le soir et pendant les vacances, et l'injonction muette à répondre occupe une partie de notre esprit et crée un stress non négligeable. Pour couronner le tout, pendant mes études, j'ai découvert le concept de « handover », qui concerne les ondes émises par le téléphone portable qui sont à l'œuvre lorsque l'on se déplace, que ce soit en voiture ou dans les transports en commun : afin que notre téléphone soit constamment connecté et que notre conversation ne soit coupée, une émission puissante et constante d'ondes lui permet de rechercher du réseau. Pas grave ? Regardons autour de nous lorsque nous sommes dans notre train le matin : tout le monde a la tête baissée, les yeux rivés sur son écran. L'effet néfaste est alors multiplié par le nombre d'écrans présents, et il y en a beaucoup !

Par ailleurs, nous avons tous une horloge biologique, réglée sur un cycle circadien de 24 heures et régulée par notre corps et par l'alternance jour/nuit. On comprend ainsi aisément qu'elle soit malmenée par une exposition répétée aux écrans, quand on sait que notre œil, par le biais de la rétine, lui envoie les informations sur la luminosité. Cela peut créer des problèmes d'endormissement. La forêt permet de remettre notre horloge biologique à l'heure ; notre corps, en contact avec la lumière naturelle filtrée par le feuillage, retrouve son rythme normal.

La position assise

En 2014, le Pr François Carré, cardiologue et médecin du sport, déclarait : « Rester assis tue plus que le tabac[1] », constatant que le temps passé sans bouger dans une journée ne cesse d'augmenter. Les troubles engendrés par l'immobilité sont nombreux et se propagent, littéralement, de la tête aux pieds ! Je vous épargne une liste aussi longue qu'effrayante des méfaits de la sédentarité,

1. « Rester assis tue plus que le tabac », article du *Monde* daté du 24 janvier 2014.

touchant tous les âges de la vie, et je vous enjoins à chausser vos baskets, même les plus vieilles et défraîchies, pour aller prendre l'air, tous les jours, voire plusieurs fois par jour.

Pour se déconnecter de la vitesse

Les contraintes de la vie quotidienne imposent un planning chargé ; dès le réveil, la journée est chronométrée, une véritable course contre la montre commence : préparer les enfants, les déposer à l'école, attraper son train ou subir les embouteillages, préparer une réunion, être performant au boulot, répondre à 150 mails urgents par jour, récupérer les enfants chez la nounou ou à l'école, faire les courses, préparer le repas, gérer les devoirs, se coucher avant minuit... Ce rythme imposé et infernal ne nous laisse pas la possibilité d'être attentif à notre bien-être et à notre corps. Ce rythme infernal fait que nous n'avons plus prise sur notre capacité d'action, nous devenons consommateurs de ce que l'on nous impose. Et nous oublions au passage le rapport à notre corps.

Lors d'un séjour de six mois en Asie, j'ai pu expérimenter une conscience différente du corps. En Thaïlande, j'ai suivi une formation de massage pendant trois semaines dans une école de médecine traditionnelle. À cette occasion, les différences culturelles avec l'Europe m'ont sauté aux yeux : notre culture est très orientée autour du mental, nous accordons plus d'importance à notre psychisme qu'à notre corps. Nous « avons un corps », alors que la culture asiatique considère que nous « sommes un corps ». Là-bas, les soins sont quotidiens : du yoga pour s'éveiller le matin, de la méditation pour gérer ses émotions, un massage après le travail pour se relaxer. Cela a modifié en profondeur mon approche : prendre le temps pour réaliser les gestes que l'on fait souvent de manière automatique, pour les faire en étant totalement présent et attentif, est déjà un bon début !

Pour le bonheur de se reconnecter à soi

Le bonheur ne s'achète pas, il se cultive. L'observation des merveilles autour de nous, même toutes petites, participe à la création du bonheur. Être dans la nature, respirer à pleins poumons, nourrit en nous les graines de la sérénité.

Acheter puis posséder ce que l'on désire semble à première vue générer du bonheur, mais la satisfaction n'est pas durable. La nature, elle, est une source inépuisable de satisfaction sans possession. Être en osmose avec soi ne passe absolument pas par la possession matérielle, mais plutôt par une mise en éveil de la vue, de l'ouïe, de l'odorat, du goût et du toucher. Les bains de forêt permettent de se reconnecter aux plaisirs simples de la vie : s'asseoir à côté d'une source pour écouter l'eau ruisseler, observer un bec-croisé manger les graines des sapins… Le bonheur ne se consomme pas, car c'est un état de connexion à soi, à ses émotions sensorielles simples comme toucher et ressentir les textures des écorces d'arbre sous ses doigts.

Redécouvrir après une longue sortie le plaisir du confort et savoir apprécier de nouveau avec gratitude notre lit douillet, une douche chaude… Ces petits bonheurs auxquels nous ne prêtons pas attention en temps normal retrouvent une nouvelle saveur lorsque nous écoutons notre corps. La joie profonde qu'apportent les petits bonheurs quotidiens prend tout son sens lorsqu'on les perçoit à nouveau.

La valeur immatérielle de la nature ne se possède pas, elle se vit. Et ce qu'elle nous apporte est d'une richesse infinie.

Un cocon protecteur

Physiquement, la forêt crée un cocon protecteur autour de celui qui y entre. Les arbres arrêtent les vents par la densité de leur présence. La température se régule, aussi : les troncs restituent la chaleur de la journée pendant la nuit, la couverture de végétaux limite le froid. La température en forêt est plus élevée la nuit qu'à découvert. En plein été, les branches et les feuilles, l'humidité protègent de la chaleur excessive et font baisser la température de quelques degrés.

Par ailleurs, la pluie est dirigée par les feuilles comme par un grand parapluie, il y a donc moins de précipitations lorsque nous sommes sous les arbres ! En été, l'humidité ambiante reste constante grâce aux arbres qui évaporent de l'eau : le bouleau évapore 75 litres, le tilleul 200 litres et le hêtre 100 litres d'eau par jour, puisée par les racines et évaporée par les feuilles.

Nos rythmes de vie modernes sont exigeants et nous avons à mon sens tous besoin de prendre des temps de pause, du recul face à cette course effrénée. Les bains de forêt offrent cette opportunité merveilleusement accessible et leurs bénéfices ne s'arrêtent pas à la réduction du stress. Voyons comment, dans de nombreux problèmes, physiques et psychiques, ils sont une occasion d'augmenter notre bien-être, voire un chemin d'accompagnement vers une rémission.

Chapitre 3

La forêt thérapeutique

L'arbre et la forêt ont donc des effets physiques désormais validés scientifiquement. Dans ce domaine, les recherches universitaires sont de plus en plus nombreuses et nous permettent d'affirmer avec de plus en plus de certitude que la sylvothérapie a des effets bénéfiques sur la santé. Malgré tout, je suis persuadé que les bienfaits ne s'arrêtent pas là et qu'il y en a encore beaucoup d'autres à découvrir !

Prendre un bain de forêt a des effets sur le corps et sur l'esprit, permet de réduire le stress, d'équilibrer le mental, de retrouver son énergie ou même la confiance en soi. Pour une personne déjà malade, prendre régulièrement de longs bains de forêt lui permettra d'atténuer les symptômes, voire d'accélérer son rétablissement. Faisons ensemble un tour d'horizon – qui n'a pas la prétention d'être exhaustif – des effets bénéfiques reconnus par la science et intégrés par les soignants dans leurs pratiques thérapeutiques au quotidien.

Pour guérir

L'arbre est un médecin formidable, et il permet de guérir, par le biais des bénéfices que l'on peut retirer des bains de forêt, nombre de troubles de la santé. Nous allons voir ici les troubles de la santé et les bénéfices que l'on peut retirer des bains de forêt. Vous trouverez des exercices pratiques de sylvothérapie adaptés dans la troisième partie (p. 149), pour vous aussi expérimenter votre bain de forêt.

Le stress

Plus d'un quart des Français se sentent « hyperstressés » au travail, selon une étude de l'Observatoire du stress au travail de novembre 2017. La sylvothérapie et le calme intérieur qui y est lié peuvent aider à gérer différents niveaux de stress : passager ou chronique, aussi une sortie en forêt est-elle toujours une bonne idée.

C'est avec affection que je repense à Murielle, 45 ans, arrivant pour sa première session de sylvothérapie, à huit heures et quart du matin. Elle venait pour découvrir la sylvothérapie et, bien que je demande toujours quelles sont les attentes de chacun en début de séjour, elle n'avait pas particulièrement partagé avec moi son besoin de se détendre. Il pleuvait, il faisait froid, et après à peine 50 mètres de marche, nous étions trempés. Elle marchait devant moi, nerveuse, tendue et même un peu agressive. Tout, son allure, ses mots et le ton de sa voix, en passant par ses attentes et injonctions, traduisait une profonde impatience, une intranquillité : elle regardait sans cesse sa montre, ne pouvant pas attendre le reste du groupe pour démarrer la session. Avant même d'arriver à l'orée de la forêt, Murielle, impatiente, s'est plantée devant moi et s'est exclamée : « Bon, alors, vous nous expliquez, là ?! » Ces signes extérieurs d'agitation, je les voyais comme le reflet d'un stress intérieur. À partir du moment où je me suis totalement consacré à elle, que je l'ai écoutée et lui ai parlé avec calme, elle m'a confié avoir un métier extrêmement exigeant et stressant. J'ai pris le temps de lui expliquer les exercices, de l'amener à ressentir ce qui se passait lorsque l'on entrait en contact avec un arbre, Murielle a peu à peu retrouvé son calme, une respiration plus lente et un débit de paroles modéré, des mots plus doux, et elle s'est intégrée au reste du groupe pour profiter sereinement du reste de la journée.

Le stress est au départ une réaction saine de l'organisme à un danger : pour se préparer à fuir ou à combattre, le corps déclenche toute une série de réponses physiques bien réelles comme l'augmentation de la vigilance, du rythme cardiaque, de la tension artérielle, de la température du corps. Ce concept de réponse du corps par la fuite ou le combat (*fight or flight*) a été identifié par le chercheur en psychologie américain Walter Bradford Cannon à la fin des années 1920. Si le stress ne diminue pas, l'organisme entre en résistance. Le taux de sucre dans le sang augmente pour nourrir les muscles. L'épuisement est la troisième phase qui s'enclenche si le stress persiste.

Des journées à rallonge, une pression constante au travail, une vie familiale parfois difficile à gérer, les raisons d'être sans cesse stressé ne manquent pas. Et les maladies liées au stress chronique sont bien connues : diabète, hypertension, problèmes cardiaques, maux de ventre, maux de dos, migraines, hyperémotivité, dépression, anxiété, troubles de la fertilité... Tous les médecins qui soignent des gens en pathologie inflammatoire aiguë vous le diront : pas d'équilibre de la santé sans une bonne gestion du stress.

Ainsi, lorsque nous sommes malades, il est fondamental de veiller à garder un équilibre intérieur et une sérénité qui nous guideront vers la guérison ou en tout cas vers un mieux-être. Et quoi de plus simple et accessible qu'une sortie en forêt ? Pas besoin d'équipements coûteux, de méthode ou même d'entraînement. Être présent suffit. Être à l'écoute de ses sensations aussi : le son de la rivière, le vent sur la peau, l'odeur de la terre après la pluie sont autant d'invitations à oublier les pensées qui tournent en boucle dans notre tête le reste du temps.

Il est cependant important de savoir que la régularité des bains de forêt est essentielle pour en retirer les pleins bénéfices, avec un intervalle maximal de trente jours entre chaque bain.

Forêt stimulante ou forêt apaisante ?

Si vous êtes nerveux ou si vous avez des problèmes d'insomnie, évitez les forêts composées de résineux, qui sont des arbres stimulants. Ces forêts sont en revanche parfaites si vous êtes abattu ou si vous manquez d'énergie. Elles vous dynamiseront, le contact avec ces arbres à aiguilles étant très tonifiant. Pour chercher la sérénité et l'apaisement, tournez-vous vers les forêts de feuillus : charmes, chênes et hêtres sont vos alliés pour retrouver votre calme intérieur.

Pour retrouver votre énergie après un gros choc ou une maladie, si vous vous sentez tout le temps tout mou ou sans aucune énergie, tournez-vous vers des conifères dont l'effet est dynamisant : tous les pins et épicéas sont vos alliés pour retrouver du tonus.

Le sommeil

Vous peinez à trouver le sommeil ? Vous êtes sujet aux insomnies ? La sylvothérapie peut vous aider à retrouver les bras de Morphée. Il arrive que les problèmes d'endormissement ou de réveils nocturnes soient dus à un niveau de stress élevé et constant durant la journée, qui augmente le niveau de cortisol dans le corps. Cette hormone est, entre autres, responsable de la vigilance : c'est grâce à elle que l'on émerge le matin. Si elle reste constamment élevée, vous peinerez alors à vous endormir. À ce sujet, toutes les études sont formelles : faire un tour en forêt réduit considérablement le taux de cortisol en circulation !

En particulier, une étude sur les effets des bains de forêt sur le corps conduite en 2007 à Yamagata, au Japon, a mesuré les variations physiologiques de douze jeunes hommes : taux de cortisol salivaire, fréquence cardiaque, pression sanguine, pour conclure qu'un bain de forêt présentait des intérêts dans la réduction du stress[1]. Les sujets se déclaraient plus calmes et leur taux de cortisol salivaire (et donc en circulation dans le corps) était plus bas qu'avant de commencer l'expérience. La vue de la verdure, les odeurs dégagées par les arbres, qui sont finalement des huiles essentielles sous leur forme la plus naturelle, tous ces éléments sensoriels concourent à stimuler l'activité du système nerveux parasympathique, responsable de la récupération physique et psychique. Concrètement : après leurs sessions de sylvothérapie, les personnes que j'accompagne me confient avoir eu un sommeil paisible et réparateur dans les jours suivant les sorties.

1. *Physiological Effects of Shinrin-yoku (Taking in the Atmosphere of the Forest) in an Old-Growth Broadleaf Forest in Yamagata Prefecture, Japan.* Yuko Tsunetsugu, Bum-Jin Park, Hideki Ishii, Hideki Hirano, Takahide Kagawa, Yoshifumi Miyazaki.

Les bourgeons d'arbre pour votre santé

Si les huiles essentielles sont actuellement très en vogue, je leur préfère la gemmothérapie. J'ai découvert cette médecine des bourgeons en ramassant de l'arnica dans les Vosges avec un cueilleur professionnel qui pratiquait cette médecine douce en fabriquant ses propres remèdes.

La gemmothérapie utilise les bourgeons des arbres macérés. C'est une catégorie méconnue de la phytothérapie utilisée comme traitement de fond, mais qui peut être préventive (certains bourgeons comme ceux du genévrier doivent néanmoins être utilisés de façon très ponctuelle, en cure courte et détoxifiante). Son action est ce que l'on appelle un « remède de terrain » : elle agit en profondeur et sur le long terme. L'aromathérapie utilise quant à elle des huiles essentielles. Ce sont des substances très concentrées en principes actifs, qui ont une action « coup de poing » sur le corps. Je suis toujours surpris par la quantité faramineuse de plantes nécessaires à la fabrication d'un petit flacon d'huiles essentielles : une tonne de thym doit être récoltée pour produire seulement 20 cl d'huile essentielle ! La gemmothérapie est plus parcimonieuse : quelques bourgeons suffisent pour produire un remède qui durera toute l'année. La démarche est différente lorsque l'on prépare un remède de gemmothérapie : c'est une approche de cueilleur, où l'on respecte l'arbre et le don qu'il nous fait, sans le surexploiter.

Dans un bourgeon, toutes les bonnes choses dont a besoin l'arbre pour la croissance des fleurs, feuilles et fruits sont présentes, en concentré. C'est ce qui donne à cette substance thérapeutique tout son intérêt : elle va stimuler une fonction ou un organe. Et en tant que remède de terrain, plutôt que de soigner un symptôme, on agit sur la cause de celui-ci.

S'il n'y a pas de risques d'effets secondaires aigus, prendre un traitement de gemmothérapie inadapté peut cependant créer des déséquilibres hormonaux ou organiques sur le long terme. Mieux vaut privilégier des cures courtes de trois semaines au maximum entrecoupées de pauses de plusieurs mois et, bien sûr, éviter l'automédication : demandez conseil à un professionnel de la santé ! Je vous conseille également le livre de Stéphane Boistard sur le sujet.

Comment fait-on ?

Le premier principe en gemmothérapie est de ne cueillir que les quantités dont on a besoin pour une utilisation dans l'année. Deuxième principe, on ne prélève jamais tous les bourgeons sur le même arbre. Enfin, troisième principe, la cueillette se fait dans un certain état d'esprit : on choisit ses bourgeons avec soin, on les cueille avec le cœur. Une fois les bourgeons cueillis, il faut les mettre à macérer dans un mélange d'alcool et de miel pendant un à deux mois. Seules quelques gouttes dans un peu d'eau sont nécessaires pour effectuer une cure qui protégera, renforcera et régénérera les organes associés à l'arbre (voir les descriptions de chaque arbre dans la partie « Les arbres à découvrir », p. 79).

Le burn-out

Le burn-out est un terme anglais aujourd'hui passé dans le langage français signifiant « épuisement dû au travail ». On estime qu'en France, un salarié sur trois a déjà subi un burn-out[2]. Derrière cette définition simple se cache une immense détresse, physique et psychologique. La personne qui souffre de burn-out se sent impuissante et désespérée, fatiguée au-delà du pensable, débordée par toutes les tâches à accomplir et la pression émotionnelle qui va avec. En cas de burn-out, une mise au repos est indispensable, ainsi qu'une déconnexion

2. Enquête « Parlons travail » conduite en mars 2017 par la CFDT.

avec tous les éléments stressants apportés par le travail. Se mettre au vert pour se reconnecter à soi et à ses ressentis physiques est essentiel pour permettre à la personne épuisée de se ressourcer. Un séjour de sylvothérapie est tout indiqué : pas d'ordinateur, pas de connexion internet, de l'exercice physique doux chaque jour, des respirations et de l'attention à soi… Une marche dans la nature réduit la dépression de 71 % des participants, selon une étude de 2007 menée à l'université d'Essex. Ainsi, je vous conseille de commencer par un séjour prolongé en immersion totale pendant plusieurs jours (de trois jours au minimum à une semaine), ou par des cures de deux jours toutes les semaines pendant un mois et demi à deux mois.

Voir de la verdure

Le département d'horticulture de l'université d'État de Washington a prouvé en 1996 que le simple fait de travailler dans un environnement avec des plantes vertes a un véritable impact sur le corps et sur l'esprit. Deux groupes de personnes ont été testés avec des exercices simples sur ordinateur : un groupe a accompli les tests dans un bureau avec des plantes, l'autre groupe dans un bureau sans plantes. Le groupe dont l'environnement contenait de la verdure était non seulement moins stressé (la pression artérielle était mesurée avant et après le test), mais également 12 % plus rapide et réactif que le groupe sans plantes.

L'asthme et les maladies broncho-pulmonaires

L'asthme se caractérise par une constriction des voies respiratoires, entraînant une difficulté à respirer, parfois à cause d'éléments extérieurs allergisants (pollution de l'air, alimentation). Lorsque l'on souffre d'asthme, la respiration devient sifflante, les bronches sont en inflammation chronique. Des scientifiques de l'université de Portland ont mesuré la qualité de l'air et la quantité de dioxyde d'azote (dégagé par les voitures diesels notamment) dans toute la ville. Dans les zones rurales ou plantées d'arbres, la pollution était significativement réduite.

La présence d'arbres est corrélée à une diminution de l'absentéisme des enfants dû aux crises d'asthme (estimation de 7 380 jours), 46 visites aux urgences ont été évitées pour les plus de 65 ans et une économie de 6,6 millions de dollars sur les dépenses de santé a été réalisée[3].

Si la simple présence d'arbres en ville réduit la pollution et les crises d'asthme, imaginez les bienfaits de plusieurs heures, voire plusieurs jours au grand air, en camping dans les bois !

Les arbres produisent des phytoncides, substances volatiles dégagées par les végétaux, aux effets antibiotiques (composés probablement des vapeurs d'huiles essentielles des résineux et des feuillus), bénéfiques à la santé des bronches. Les phytoncides passent facilement dans les poumons par les voies respiratoires, venant apporter leurs bienfaits au cœur des alvéoles pulmonaires. Mais il y a également un autre facteur agissant sur la santé de vos poumons : l'humidité de la forêt ; régulée et constante, elle évite les variations brutales. Une humidité maîtrisée favorise le ralentissement du rythme cardiaque, évite l'irritation

3. *Tree and Forest Effects on Air Quality and Human Health in the United States*, David J. Nowak, Satoshi Hirabayashi, Allison Boding, Eric Greenfield, 2014.

due au dessèchement des bronches et favorise une légère dilatation des vaisseaux. L'expectoration est favorisée dans l'environnement forestier, dont l'humidité est bienfaisante.

Le diabète

Le diabète dit « de type 2 », anciennement appelé « diabète non insulinodépendant », touche environ 2,5 % de la population française. 80 % des personnes diabétiques souffrent de ce diabète de type 2. Cette maladie affecte la gestion du sucre par le corps, le taux de sucre dans le sang pouvant être trop élevé ou très faible. Si vous souffrez de diabète, cette surprenante étude[4] japonaise datant de 1998 devrait vous intéresser : les sujets de l'étude étaient 87 personnes âgées d'une soixantaine d'années. Selon leurs capacités physiques, elles ont marché de trois à six kilomètres dans la forêt. Leur taux de sucre dans le sang était mesuré à l'issue de chaque promenade, et, dans les deux groupes, le taux était quasiment revenu à la normale. On peut bien entendu attribuer cette normalisation aux effets de la marche, qui, comme tout exercice physique, est bonne pour la santé d'une personne diabétique. Cependant, il ne faut pas négliger les bénéfices que produit la forêt sur l'ensemble du système hormonal, ainsi que la régulation du système nerveux autonome (qui gère l'activité de nombreux organes et de nombreuses glandes dans le corps) induite par le contact apaisant avec les arbres.

4. *Shinrin-yoku (Forest-Air Bathing and Walking) Effectively Decreases Blood Glucose Levels in Diabetic Patients*, Ohtsuka Y., Yabunaka N., Takayama S., 1998.

Les cancers

Pour prévenir la prolifération de cellules cancéreuses, notre système immunitaire dispose de tueurs d'élite surentraînés, capables de les neutraliser rapidement et efficacement, sans endommager les cellules en bonne santé. Ces cellules, que l'on appelle NK, pour *natural killers* (« tueurs naturels »), sont indispensables au maintien de la bonne santé. Or une première étude de 2007 fait état d'une augmentation de 50 % de la concentration sanguine de ces cellules après un séjour de trois jours et deux nuits en forêt, comprenant des promenades de deux heures, une ou deux fois par jour[5]. La concentration intracellulaire en protéines anticancer avait également augmenté. Il est intéressant de noter que les bénéfices semblent durer jusqu'à sept jours au minimum après le bain de forêt. On suppose que la présence de phytoncides et la baisse des hormones de stress jouent un rôle dans cette augmentation de l'activité des cellules NK.

Toutes ces applications ouvrent le champ des possibles pour inclure plus de nature dans les parcours de soins des malades, afin de favoriser la rémission ou le bien-être. Si les bains de forêt me semblent vraiment indispensables dans ces cas, ils sont aussi tout à fait indiqués lorsque l'on est en parfaite santé, dans une démarche agréable de prévention.

---

5. *Forest Bathing Enhances Human Natural Killer Activity and Expression of Anti-Cancer Proteins*, Li Q., Morimoto K., Nakadai A., Inagaki H., Katsumata M., Shimizu T., Hirata Y., Hirata K., Suzuki H., Miyazaki Y., Kagawa T., Koyama Y., Ohira T., Takayama N., Krensky A.M., Kawada T., 2007.

Pour prévenir

N'attendez pas d'aller mal pour sortir en forêt. Le bain de forêt est aussi efficace en prévention et pour entretenir le bien-être au quotidien qu'une séance de méditation, de yoga ou de relaxation, la complexité de la mise en œuvre en moins. De plus, c'est une activité en plein air : vous vous oxygénez avec du bon air pur. Là encore, le bain de forêt répond à bien des situations...

Prévenir la fatigue et le stress

Lorsque, plein de bonnes résolutions, vous entamez un programme de relaxation ou de méditation à la maison, vous vous retrouvez parfois piégé entre toutes les obligations et remettez à plus tard votre quart d'heure zen, pas vrai ?

Cela ne risque pas de vous arriver avec les bains de forêt, il est tellement plus facile d'aller se promener régulièrement que de s'asseoir en tailleur au milieu du salon tous les jours !

Le contact avec les arbres fait naturellement redescendre le stress, qui est un facteur déclenchant ou aggravant des maladies. Cela a été établi par une étude de janvier 2007[6], conduite au Japon sur 498 personnes, pendant deux jours de bains de forêt. Les sujets devaient évaluer leur niveau de stress par le biais d'un questionnaire

6. *Psychological Effects of Forest Environments on Healthy Adults : Shinrin-Yoku (Forest-Air Bathing, Walking) as a Possible Method of Stress Reduction*, Morita E., Fukuda S., Nagano J., Hamajima N., Yamamoto H., Iwai Y., Nakashima T., Ohira H., Shirakawa T., 2007.

sur leurs émotions, avant et après des sessions de bains de forêt d'une journée. Les participants souffrant le plus de stress chronique ont retiré les plus grands bénéfices psycho-émotionnels des bains de forêt : apaisement et bien-être étaient au rendez-vous. Ils se sentaient moins en colère, moins déprimés et plus vivants après deux promenades en forêt. Ceux chez qui le stress était très élevé se sont sentis les plus apaisés après ces sorties. D'autres études montrent qu'un bain de forêt ralentit le rythme cardiaque et fait baisser la pression artérielle, qui se trouve augmentée chez les personnes stressées.

Un rempart contre la pollution ?

L'environnement de la forêt est humide grâce aux arbres, chargés d'ions négatifs qui nous font du bien et purifient l'air.

En forêt et en montagne, on compte environ 200 particules par mètre cube d'air. Sur les Champs-Élysées à Paris, ce sont 200 000 particules par mètre cube qui circulent. C'est le cas dans toutes les grandes villes, mais également dans les appartements peu aérés.

Les feuilles des arbres ont la capacité d'absorber les substances gazeuses par leurs stomates, petits trous comparables aux pores de notre peau. Plus les feuilles sont collantes, poilues ou visqueuses, mieux elles débarrassent l'air de la pollution. Parmi les arbres les plus efficaces (et résistants) pour dépolluer l'air, on trouve le cèdre, le bouleau et le robinier. À l'inverse, probablement parce qu'ils gardent leurs aiguilles d'une année sur l'autre, donc accumulent les polluants sans pouvoir se régénérer au printemps, les pins sont moins efficaces.

Vivre à proximité d'une forêt ou faire des bains de forêt permet de réduire les polluants aériens en circulation dans son corps, puisque l'on s'expose moins à la pollution de l'air.

La forêt diminue voire supprime également les autres sources de pollution dont nous n'avons même pas conscience au quotidien ; les arbres et les feuilles, y compris celles tombées au sol, atténuent les bruits : pneus qui crissent et klaxons, marteaux-piqueurs et sirènes d'ambulances, toutes les nuisances sont remplacées par les sons, ô combien plus doux pour notre être, du vent dans les branches, des oiseaux, des craquements sous nos pas.

On supprime aussi du paysage la pollution visuelle propre aux villes : la surstimulation imposée au quotidien par les panneaux publicitaires, les couleurs vives censées retenir notre attention, les constructions hautes et grises, les lumières artificielles des feux tricolores, les devantures des magasins… De cette fatigue visuelle découle une fatigue psychique, une lassitude, peut-être même des migraines ou un stress généralisé dont on ne se rend même plus compte. L'environnement de la forêt, aux couleurs pourtant contrastées, aura l'effet inverse sur le corps : repos des yeux, émerveillement et immersion dans un nuancier de couleurs adapté à notre bien-être.

Une meilleure respiration

Dès que le stress s'installe, le corps met en place une respiration haute, n'utilisant qu'une petite partie de la capacité pulmonaire. L'oxygénation du cerveau est alors moins efficace, et cette respiration haute, qui s'effectue avec un diaphragme crispé, entretient l'état de stress général de l'organisme… donc la respiration haute ! Sortir pratiquer quelques exercices de bain de forêt, où l'on fait la part belle à une respiration complète en gonflant le ventre pour bien inspirer avec la totalité des poumons, va détendre le diaphragme et réoxygéner le corps. Nous aurons l'occasion de détailler les exercices de respiration que l'on peut mettre en place au cours d'une séance de sylvothérapie (voir p. 153). Vous verrez qu'il est fréquent de bâiller plusieurs fois lors des premiers exercices : c'est très bon signe, vous êtes en train de vous détendre.

L'exercice de marche

Mettre le corps en mouvement, voir la forêt, fait immédiatement redescendre le taux d'hormone du stress (cortisol). Lors d'un bain de forêt, l'exercice physique est très doux, car l'objectif n'est pas de randonner à toute allure pour parcourir des dizaines de kilomètres. Pourtant, même en marchant peu, on active la circulation sanguine sous la voûte plantaire, ce qui a pour effet positif de favoriser le retour veineux. Le corps s'oxygène un peu plus, faisant passer par les poumons les fines particules bénéfiques exhalées par les arbres. Si vous êtes allergique au sport, vous serez probablement conquis par la sylvothérapie. Rendez-vous page 178 pour en savoir plus.

L'arbre, un soutien quand tout vacille

La verticalité de l'arbre et son ancrage puissant au sol sont des repères permettant de se recentrer lorsque la vie nous secoue : deuil, divorce, perte d'emploi… Avoir un arbre fétiche permet de se recentrer auprès d'un élément stable. L'envie de prendre exemple sur sa force stimule la confiance en soi, l'émerveillement, et nous redonne de la satisfaction dans l'instant présent. C'est également indispensable pour les personnes ayant besoin de trouver de nouvelles idées : soit pour sortir d'une impasse, soit parce que c'est leur métier, leur plaisir. L'environnement apaisant de la verdure favorise la créativité : le rythme cardiaque s'apaise et le cerveau fait le plein d'ondes alpha. Ces ondes correspondent à un état de veille calme du cerveau, dynamisant la créativité.

Accompagner l'âge et les grands changements de la vie

La solitude, particulièrement des personnes âgées, change lorsque l'on peut entrer en contact avec la nature et s'y reconnecter. Les effets sont bénéfiques sur la psyché et la mémoire. Au CHRU de Nancy, le Dr Thérèse Jonveaux, neurologue, l'a bien compris quand elle a installé, en 2010, un jardin thérapeutique destiné à ses patients, principalement atteints de la maladie d'Alzheimer. Des thèses ont d'ailleurs révélé que le jardin thérapeutique offrait de nombreux bénéfices : notamment, il renforce le lien entre les générations, car les petits enfants peuvent venir s'y amuser plutôt que de rester enfermés et assis dans la chambre de leurs grands-parents. Les patients, eux, dorment mieux et consomment donc moins de sédatifs, ils sont plus actifs et mieux réveillés dans la journée. La directrice du CHRU de Nancy constate également que le besoin fondamental de se sentir libre et sans contraintes, souvent mis à mal dans des établissements où les horaires sont contraignants pour les patients, se trouve satisfait par la possibilité de déambuler librement dans un espace naturel. Les équipes soignantes bénéficient elles aussi de la présence d'un jardin, réduisant les risques de burn-out.

Aller voir un arbre peut faciliter la sensation psychologique de reliance avec le vivant, le fait de sortir, d'aller vers l'extérieur « aère » le moral. La relation avec l'extérieur et l'arbre en tant qu'être vivant peut devenir un objectif de la journée, le petit bonheur du jour. C'est un compagnon contre lequel on peut se reposer pour lire un livre ou écouter de la musique.

Faire face au monde de l'entreprise

Les offres d'emplois actuelles (je suis bien placé pour le savoir tant les recrutements vont bon train dans les nouvelles technologies !) formulent clairement des demandes de candidats ayant une bonne gestion de la pression, une résistance au stress hors norme, une facilité à la gestion des situations critiques. En faisant cela, on crée des bataillons de futurs déprimés. Peut-on trouver une personne capable d'encaisser cela au quotidien ? Même en étant doté d'un excellent ancrage intérieur et d'une sérénité à toute épreuve, je connais peu de gens capables de construire toute leur carrière en état de stress maximal sans avoir le moindre symptôme. Quittez vos écrans dès que possible, partez respirer l'air frais et pur en faisant une pause, les bénéfices sur votre moral, votre teint et votre sérénité se verront à l'entretien d'embauche. Connaître et gérer son corps et ses émotions aident à faire face au stress qu'impose le monde de l'entreprise. Interpréter les messages et signaux qu'envoie le corps et savoir quand on atteint sa limite sont des réflexes de survie ancestraux bien utiles dans notre monde actuel !

Du Japon jusqu'en France, la philosophie des bains de forêt, empreinte de respect, de douceur et de bon sens, touche tout le monde. Avec un équipement minimal et un peu de curiosité, chacun peut en retirer des bénéfices sans attendre les prochaines découvertes scientifiques prometteuses sur le sujet. La sylvothérapie nous fait voir la vie en vert, pour notre plus grand plaisir !

Chapitre 4

Au fait, un arbre, comment ça marche ?

Nous les croisons tous les jours dans nos villes et nos campagnes, mais nous savons finalement peu de choses d'eux ; nous les regardons comme des éléments de verdure, mais nous ne savons pas vraiment qui ils sont ! Faisons ensemble leur portrait par petites touches, sans avoir la prétention de tout dire. Je vais vous détailler ce qui me semble intéressant, et ce de façon totalement subjective, pour comprendre comment un arbre vit et profiter au mieux de votre bain de forêt. Grâce à ces portraits, vous verrez nos amis d'un œil neuf et des détails que jamais vous n'aviez repérés avant.

Description du géant vert

Un arbre est un être vivant, qui respire, qui dégage de l'oxygène et consomme du CO_2. On le décrit traditionnellement en séparant les quatre parties qui le composent : le tronc, les branches, les feuilles et les racines.

Le tronc est composé de bois mort et de bois vivant : le bois au cœur (ou duramen) est mort. Le bois vivant, l'aubier, est juste sous l'écorce, cette dernière étant la partie la plus extérieure.

Si l'on décompose les strates qui composent le tronc, il y a d'abord l'écorce, qui protège l'arbre des agressions. Juste au-dessous se trouve le liber, où circule la sève nutritive. C'est particulièrement intéressant pour nous, qui allons être à l'écoute de ce qui se passe dans l'arbre lors d'un bain de forêt : juste sous vos doigts, derrière l'écorce, circule intensément la vie dans l'arbre. Enfin, le bois de cœur est la partie la plus solide, qui sert à la stabilité et au soutien de l'arbre.

Un arbre ne garde pas le même aspect toute sa vie : l'écorce change constamment d'apparence avec les agressions extérieures ; la pluie et l'humidité, les insectes, les petits rongeurs ou la sécheresse sont autant d'événements marquants et qui nous renseignent sur le vécu de chaque arbre.

La lumière

Sans lumière, il n'y aurait pas de forêt. Les feuilles de l'arbre sont en recherche constante de ce nutriment essentiel à la croissance. La photosynthèse est la capacité qu'a un arbre à transformer la lumière en sucre (hydrates de carbone) grâce à la chlorophylle présente dans ses feuilles. Pour cela, il lui faut du gaz carbonique et de l'eau. Les hydrates de carbone non utilisés par l'arbre pour sa nutrition et sa croissance sont redistribués aux champignons.

Pour assurer sa survie et trouver sa place au soleil, chaque espèce a des stratégies différentes : le sapin peut rester dix ans sans trop grandir dans une forêt obscure alors que le petit hêtre pousse très facilement au printemps à l'abri des autres arbres. Le sapin ne combat pas le manque de lumière, il reste tranquillement petit, en attendant, patiemment, parfois des années, qu'un jour le soleil arrive jusqu'à lui. Si on coupe les autres sapins autour, il va grandir d'un seul coup. Afin de ne pas se retrouver étouffé par d'autres espèces, le hêtre a une technique imparable : ses feuilles, mêmes sèches, restent accrochées aux branches dans un but bien précis : dès qu'il pleut, les produits nocifs contenus dans la feuille sèche tombent au sol, le rendant plus acide. Un sol acide empêche d'autres graines d'espèces différentes de germer là où tombent les faines (fruits comestibles du hêtre). L'élimination des concurrents avant même leur naissance, c'est finalement une technique de lutte qui s'inscrit dans la durée mais qui reste très efficace !

L'écorce

Elle est comme un bouclier de protection contre les insectes et les intempéries, mais aussi une peau, composée, comme notre épiderme le plus externe, de peaux mortes et de tissus morts. Pour l'arbre comme pour l'humain, c'est une interface protectrice entre la vie intérieure et l'environnement extérieur. Les craquelures ou les plaques que l'on observe sur l'écorce d'un arbre adulte sont dues à sa croissance : si l'écorce du pin se défait au cours de sa vie, celle du chêne s'épaissit et se fragmente avec l'âge, tandis que, chez le hêtre, l'écorce ne se détache pas. Touchez un bouleau et remarquez comme son écorce est fine et douce : elle se détache en délicats lambeaux pour être remplacée par une nouvelle écorce, mieux adaptée à la croissance de l'arbre.

Encore un verre ?

Un arbre peut boire jusqu'à 200 litres d'eau dans une journée, par un incroyable système d'aspiration : l'absorption par attraction moléculaire (dans les vaisseaux criblés du liber) est plus efficace qu'une pompe mécanique créée par l'homme : la force d'attraction d'un arbre est de 400 kg par centimètre carré. Cette eau est absorbée par évaporation (par le sol) ou par transpiration (par les feuilles) dans l'atmosphère. L'absorption de l'eau par les racines s'évapore ensuite par les feuilles, comme un système de pompe qui serait activé par la lumière au niveau des feuilles. Il y a plus d'humidité générée par les forêts que dans tous les cours d'eau douce du monde, car chaque arbre est comme un réservoir d'eau.

La communauté de la forêt

Certains arbres ont besoin de leurs compagnons pour pousser, d'autres ne peuvent pas pousser s'ils sont trop proches. On parle alors d'écosystème de la forêt pour désigner un ensemble d'êtres vivant en totale interdépendance, en étroite communauté dans cet environnement. Comme l'organisation d'un écosystème forestier dépend principalement de la lumière, chacun y trouve sa place en fonction de ses besoins. Ainsi, on ne sera pas surpris de trouver dans la forêt une organisation par couches successives : tout en haut, une strate arborescente avec les grands arbres, qui sont dans nos forêts les hêtres et les chênes, ou les sapins et les hêtres, ou encore les épicéas. Ce sont eux qui récupèrent près de 90 % de l'énergie du soleil. Une couche intermédiaire est composée des arbres que l'on appelle « dominés ». Juste au-dessous, les jeunes arbres composent la strate arbustive, puis viennent la strate herbacée, où l'on retrouve les fougères et petites plantes peu gourmandes en soleil, et, enfin, la strate muscinale, composée des mousses et champignons, ces organismes ayant plus besoin d'humidité que de lumière pour s'épanouir.

Les écosystèmes sont variés et, selon les essences d'arbres présentes et la proportion des uns et des autres, les caractéristiques sont très différentes. Le hêtre aime pousser à l'ombre, abrité sous les branches des autres arbres. Les ormes et les alisiers poussent individuellement, mais parmi d'autres arbres « sociables » qui eux poussent en groupes de la même espèce. L'alisier adore la compagnie du hêtre, des frênes et des chênes.

La solidarité entre arbres existe d'une façon surprenante : un arbre grand et vieux peut apporter des nutriments aux jeunes arbres à proximité ! Les anciens aident les petits à grandir dans une relation bienveillante et fondamentale de nutrition.

Les arbres ont aussi besoin des oiseaux et des champignons, et réciproquement.

Un être communicant

L'arbre est un être vivant qui communique, en premier lieu avec ses congénères. Les arbres communiquent entre eux grâce à leurs racines et au mycélium, ce fin réseau de filaments qui se développe en symbiose entre les racines et les champignons. On trouve aussi du mycélium jusque sous les feuilles tombées au sol. On a par ailleurs remarqué que les arbres peuvent se soigner les uns les autres par les racines. Le Pr Annie DesRochers, qui travaille sur l'intrication racinaire au Québec, a mis au jour l'incroyable réseau souterrain créé par les racines : les arbres sont effectivement reliés les uns aux autres.

Mais l'arbre communique également avec les autres habitants de la forêt : fourmis, champignons, oiseaux… et promeneurs.

Téléphone et terpènes

Ne pouvant pas fuir, l'arbre est une usine chimique : éloigner les indésirables est un passage obligé quand on ne peut pas éviter le danger en changeant de place. Les composés organiques volatils (COV), principalement les terpènes, sont des messagers transmis par l'air : signaux de danger pour avertir les autres, pour se défendre contre les ravageurs et les pathogènes et pour attirer des insectes pollinisateurs.

Molécules excrétées dans l'air par les arbres et les forêts, les COV naturels sont issus de la condensation de plusieurs molécules. Les terpènes, donc, sont sécrétés par les arbres pour se défendre. Parfois, ils sont sécrétés pour attirer les prédateurs de l'animal ou l'insecte qui commence à attaquer l'arbre, parfois pour prévenir les autres arbres qu'une attaque est en cours. Les arbres ainsi prévenus vont à leur tour sécréter des substances soit toxiques pour l'animal qui attaque, soit attirant le prédateur. Ce sont les terpènes que l'on retrouve dans les huiles essentielles, car elles condensent les parfums et les effets thérapeutiques de la plante.

Un air de grande qualité

Approchez votre nez à la surface des feuilles : c'est ici que se dégage un air riche en oxygène anionisé, résultat de la décomposition de l'eau par la chlorophylle. Les toutes petites molécules qui sortent sont facilement assimilées par vos alvéoles pulmonaires. Cet air pur est celui que l'on devrait, en temps normal, respirer au quotidien : bénéfique à l'oxygénation et à la régénération de nos cellules, il est indispensable à notre santé. Les forêts sont, avec les océans, garantes de la production d'oxygène mondiale. Or nous vivons dans des environnements de plus en plus privés d'espaces verts dont l'air est chargé de pollution. Préserver ces espaces et réintégrer la nature en ville est une priorité absolue pour notre survie, et faire des bains de forêt, si l'on vit loin de la mer ou des arbres, un facteur d'équilibre pour chacun de nous.

Nos amis les champignons

Indissociables de notre sortie de sylvothérapie, les champignons que nous croisons sont les amis intimes des arbres : en touchant une écorce ou en observant entre les racines, ils sont partout. Les champignons sortent en nombre lorsque la température est douce et les pluies abondantes, c'est-à-dire entre le début du printemps et la fin de l'automne. Faisons ensemble un petit tour d'horizon de quelques-uns de ces compagnons des arbres, depuis le sol jusque sous les racines, en passant par l'écorce.

Anatomie du champignon

Ce que l'on croit être le champignon n'est que la partie externe des organismes souterrains appelés « champignons ». Ce que l'on ramasse pour en faire de délicieux plats est simplement l'organe de reproduction du champignon. Le champignon lui-même est en réalité composé de longs filaments blancs, cette partie étant étroitement entremêlée avec les racines de l'arbre. Les filaments des champignons s'insinuent dans les cellules de l'arbre : c'est une association symbiotique dont chacun, en bonne santé, va retirer des bénéfices.

Intermédiaire et protecteur de l'arbre

Sur une terre pauvre, le champignon est un intermédiaire indispensable à la survie de l'arbre : il facilite l'absorption des minéraux solubles grâce à ses filaments, qui étendent la surface d'absorption du phosphore, de l'ammonium, du potassium et magnésium de l'arbre, ou des éléments peu solubles tels le zinc et le cuivre, qu'il stocke pour les redistribuer au bon moment et à la bonne dose. Lorsque l'arbre se trouve dans un sol trop calcaire, les nutriments lui seront difficilement assimilables. Alors, son ami le champignon va dégrader les nitrates à sa place. Il arrive aussi que l'arbre ne sache pas synthétiser certaines hormones de croissance ou des vitamines, le champignon servira alors de relais pour nourrir l'arbre. Dans certains cas, il sert de garde-manger : en stockant des éléments peu solubles comme le zinc ou le cuivre, là aussi il les redistribuera au bon moment et à la bonne dose.

Un champignon est aussi une armée invisible. Il protège l'arbre contre d'autres champignons et bactéries en sécrétant des substances antibiotiques : véritables armes fatales, elles tuent ceux qui s'en approchent. Un champignon peut également sécréter des substances qui ralentissent la croissance des arbres qui se trouvent autour pour permettre à « son » arbre de grandir et d'atteindre plus rapidement la lumière. Son rôle incroyable ne s'arrête pas là, il est comme l'ambulancier-réanimateur de l'arbre, son médecin : il le protège de la sécheresse en lui apportant de l'humidité et peut même le prémunir des métaux lourds, qu'il va capturer dans ses filaments.

Et puisque nous sommes dans l'exploration des champignons, j'en profite pour vous parler de quelque chose de très particulier que vous croiserez peut-être lors de vos bains de forêt. Je les trouve réellement fascinants dans leur forme et dans leur nom…

Les ronds de sorcière

Certains champignons – hébélome échaudé, lepista nuda et autres tricholome pied bleu – poussent en cercles quasi parfaits. La légende entourant cette mystérieuse disposition est poétique, bien qu'assez éloignée de la réalité des faits. On attribue aux sorcières (parfois aux fées) et à leurs danses nocturnes démoniaques l'apparition de ces cercles de champignons. Pour le côté pragmatique, voici l'explication : la petite spore de champignon pousse sous la terre ; elle étend ses petites racines (le mycélium) qui vont former les champignons dans toutes les directions, et quand un petit champignon sort au bout d'une de ces racines, tous ses frangins et frangines sortent en même temps, en cercle, autour du lieu souterrain où se trouve la spore initiale. Choisissez l'explication qui vous parle le plus : fées, sorcières ou développement des racines, les trois explications n'enlèvent rien à la magie de l'apparition !

C'est quoi ce gros truc sur le tronc ?

Il s'agit probablement d'un amadouvier : il pousse sur le tronc de l'arbre, en demi-cercle, et sa surface présente des strates ou un aspect spongieux. Sa couleur va du brun foncé au rouge-brun en passant par le gris ou le jaune, et sa présence sur l'arbre vous indique que le combat de l'arbre contre le champignon est perdu. Il est capable de décomposer le bois au fur et à mesure de sa croissance. Vous ne risquez rien, mais s'il n'est pas toxique pour l'humain, il n'est pas pour autant comestible.

Beaucoup d'autres champignons poussent sur le tronc des arbres : profitez de vos bains de forêt pour les observer, les toucher, mais ne choisissez jamais un arbre porteur de champignons sur le tronc pour faire votre séance de sylvothérapie : c'est un sujet affaibli, fatigué et qui a peu de chances de sortir vivant de ce parasitage lent et mortifère. C'est néanmoins un allié utile si vous voulez faire un feu : l'amadou, chair spongieuse de l'amadouvier, brûle très bien et remplacera dans votre cheminée les allume-feu chimiques !

Les truffes

Pour trouver ce délicieux champignon, les connaisseurs vont souvent gratter la terre au pied des chênes pour une raison simple : la truffe naît de l'association des racines du chêne et de la mycorhize de la truffe. Elle peut également pousser au pied d'autres arbres comme le tilleul, le tremble, le pin ou le noisetier, mais elle reste rare, d'où son prix élevé. Par le passé, pour les dénicher, on faisait appel à des cochons. Grâce à leur odorat bien plus développé que le nôtre, ils étaient attirés par l'odeur de la truffe et allaient gratter sous le bon arbre parmi des dizaines. On a peu à peu laissé de côté le cochon et son sale caractère, trop gourmand de truffes, pour la complicité du chien, plus facile à dresser et dont l'odorat est tout aussi fin. Si vous avez envie d'éduquer Princesse, votre chihuahua, à la recherche de la truffe, il existe des manuels de dressage dans lesquels on apprend que presque tous les chiens sont capables de cette prouesse !

Un organisme qui nous ressemble

Sans les champignons et leurs mycéliums, l'arbre est comme un humain sans microbiote. Nos intestins contiennent des milliards de bactéries bénéfiques à notre santé, qui jouent un rôle de régulateur de nombreuses fonctions essentielles dans le corps : notamment la bonne assimilation des nutriments, notre équilibre moral et notre immunité. Le champignon est un régulateur externe, bénéfique lorsqu'il est présent en quantité équilibrée. En trop grand nombre, les champignons peuvent prendre le dessus et proliférer sur un organisme affaibli, et finir par l'achever. Ce fonctionnement en symbiose est indissociable de la vie de l'arbre.

La saison des amours, c'est pas tous les jours !

Un arbre doit sortir de l'enfance pour fructifier, et cela peut prendre du temps ! Le chêne, patient, atteint l'âge de la maturité sexuelle à 60 ans, solidaire de son ami le sapin à qui il faut le même temps pour voir enfin apparaître les premiers fruits.

Pour pouvoir se reproduire, il faut ensuite des graines, qui savent aussi se faire désirer ! Pas de chance pour le sapin ou le mélèze, qui doivent attendre entre deux et cinq ans pour produire de nouvelles graines… Les champions de l'irrégularité sont le chêne et le hêtre, qui produisent des graines de façon sporadique tous les trois à vingt ans !

Les semences des arbres prennent deux formes différentes chez les feuillus et chez les résineux. Chez les arbres à feuilles, les fruits contiennent souvent une ou plusieurs graines (le châtaignier, par exemple, n'a qu'une seule graine, la châtaigne, alors que l'on trouve de multiples graines dans une pomme) ; chez les résineux, on trouve majoritairement des graines (comme les pignons de pin).

Allez pousser ailleurs

Afin d'être fécondés, puis qu'ensuite leurs propres rejetons ne deviennent pas de terribles concurrents dans la course à la lumière et aux ressources, il est important de les envoyer pousser ailleurs. Ne dit-on pas que les voyages forment la jeunesse ?

Vive le vent !

Pour utiliser le vent comme propagateur des semences, les arbres ont développé tout un tas de stratégies aériennes sophistiquées : regardez les hélices des tilleuls, des érables, des épicéas ou des ormes, qui emportent la petite graine comme un hélicoptère miniature à chaque bourrasque ! Observez aussi les saules et les peupliers, les stratégies les plus simples sont parfois les meilleures : la graine légère, grâce à un parachute duveteux, peut s'envoler à plus de dix kilomètres de son lieu de naissance !

Au printemps, les fleurs de certains arbres comme le chêne, le charme ou le hêtre et le noisetier apparaissent avant les feuilles. Pourquoi ? Car le moindre souffle de vent fait voler les pollens. Si l'arbre avait des feuilles, elles gêneraient la reproduction en fixant le pollen avant qu'il n'atteigne sa destination. Les fleurs de ces arbres sont de discrets chatons : comme le vent leur sert de transporteur, ils n'ont pas besoin d'en faire des tonnes avec des couleurs et des senteurs extravagantes pour attirer les insectes.

Cependant, certains arbres tels les saules, tilleuls et sorbiers peuvent profiter des feuilles et des fleurs en même temps, car ils sont pollinisés par les insectes.

L'indispensable crotte

De nombreuses stratégies sont mises en place pour envoyer les graines pousser un peu plus loin. Parfois l'action mécanique du vent suffit, mais certains plans sont beaucoup plus sophistiqués pour perpétuer l'espèce, dont l'incroyable entraide entre les arbres et les animaux, qui porte le doux nom de « mutualisme » : chacun aide l'autre et tout le monde y trouve son compte ! L'arbre, avec ses délicieux fruits ou ses baies, attire les petits animaux et les oiseaux qui les dévorent. Le transport des fruits ou baies dans l'estomac garde les graines intactes jusqu'à leur éjection, parfois bien loin du lieu d'ingestion. Il arrive même que ce moyen de transport inédit soit indispensable au début du processus de germination. Une autre stratégie intéressante est celle du gui, ce parasite qui s'installe dans les hautes branches des arbres : il a en effet besoin d'un oiseau comme la grive, le geai, le ramier ou l'étourneau, car ces derniers sécrètent dans leur estomac une substance permettant l'adhésion de la graine aux futurs branchages colonisés.

Semences prolifiques

Un chêne produit des milliers de glands, un hêtre entre 12 000 et 15 000 faines, un sapin 30 000 graines et un peuplier plus de 25 millions de graines à lui seul.

Le parfum de l'amour

Les arbres qui ont besoin des insectes pour être fécondés ou pour aller féconder d'autres arbres sécrètent des terpènes. Ce doux parfum qui envahit les forêts au printemps attire les insectes, qui s'en nourrissent. En repartant vers d'autres fleurs, ils déposent au passage quelques grains de pollen, permettant la fécondation d'un arbre à distance.

Pas si facile de naître

Pour 40 000 graines libérées par un pin sylvestre, seules une ou deux donneront naissance à un arbre ! De nombreuses conditions doivent être réunies pour qu'une semence germe :

- elle ne doit pas être stoppée par un tapis d'herbes ou de feuilles trop épais ;
- elle doit avoir un sol favorable : pas trop sec, ni trop humide, ni trop acide ;
- elle doit éviter les prédateurs : oiseaux, insectes, rongeurs ;
- elle doit éviter également la pourriture ou le froid.

Est-ce qu'un arbre est mâle ou femelle ?

Déterminer le sexe d'un arbre n'est pas chose aisée, mais je peux vous dire que tous les goûts sont réellement dans la nature !

Il y a ceux, plutôt classiques, qui ont besoin d'un arbre du sexe opposé pour se reproduire, un arbre mâle et un arbre femelle : le peuplier, l'if et le ginkgo biloba, par exemple. Ce sont des espèces dites « dioïques », qui représentent à peine 6 % du règne végétal.

Ensuite, il y a ceux qui sont aussi bien pourvus de fleurs mâles que de fleurs femelles. Ce sont des espèces hermaphrodites et ils représentent une vaste majorité dans le monde végétal. C'est le cas du pommier, du poirier, du frêne, du merisier et du tilleul, par exemple.

Il y a ceux qui se débrouillent tout seuls : les arbres dits « monoïques », comme le pin cembro, le hêtre, le pin sylvestre et le chêne, ont des fleurs mâles et femelles sur le même arbre. Ils n'ont besoin de personne pour se reproduire !

Et, pour finir, il existe des arbres polygames, où tout est mélangé et rassemblé sur un même arbre, des fleurs mâles, femelles et hermaphrodites, comme chez l'érable.

Des clones

Un autre moyen de faire naître un nouvel arbre est le marcottage. Une branche de l'arbre assez proche du sol peut s'enraciner pour donner un nouvel arbre, dont le patrimoine génétique sera identique à l'arbre « parent ». Il aura ainsi exactement les mêmes capacités de résistance et les mêmes faiblesses que l'arbre qui l'aura engendré. On peut observer cette technique de reproduction à l'œuvre chez certains tilleuls et chez les conifères comme le cyprès.

Mariage heureux ?

Dans une forêt, les mariages d'intérêt sont légion : un insecte pollinisateur est dépendant de la fleur qui le nourrit, mais la fleur est dépendante de l'insecte qui lui permet de se reproduire. Les racines de l'arbre s'allient aux champignons pour former les mycorhizes, l'un fournissant à l'autre des nutriments qu'il ne sait pas fabriquer. Dans ce cas de figure, les intérêts mutuels font que tout se passe bien. Mais il arrive que les squatteurs prennent le dessus : gui, amadouvier ou *Ceratocystis ulmi*, un champignon qui a causé la disparition de la quasi-totalité des ormes en Europe. Ses substances toxiques obstruent les vaisseaux de l'arbre. L'ironie du sort ? En tuant son hôte, le *Ceratocystis ulmi* court à sa propre perte !

Les copains à pattes qui font des réserves

Les petits animaux de la forêt sont prévoyants : lorsque la nature est pleine de ressources, en automne, c'est le moment de remplir des cachettes pour l'hiver ! Le casse-noix moucheté, oiseau malin, décortique les cônes du pin cembro et va enfouir les graines dans différents endroits qu'il garde secrets. Certains prétendent que malgré sa bonne mémoire, il en oublie certaines, qui germeront au printemps suivant. Je préfère penser qu'il se constitue des réserves plus importantes que ses besoins, permettant aux arbres de pousser et d'assurer ainsi aux générations futures de casse-noix mouchetés des festins de graines de pin cembro.

L'écureuil aussi est un ami des arbres et fonctionne de la même façon avec le chêne : les glands cachés ne seront pas tous consommés à la fin de l'hiver, permettant la germination de nouveaux petits chênes.

Les laborieuses fourmis rousses représentent quant à elles l'avantage du nombre : avec environ 100 000 individus par nid, ce sont des transporteurs de choc pour les graines. On estime ainsi qu'elles sont capables de balader quasiment 40 000 graines au cours d'un été, dans un rayon de 100 mètres autour de l'arbre d'origine. Une belle prouesse pour une si petite bête et une opportunité pour la nature de se régénérer.

Un guerrier silencieux

La longévité exceptionnelle de l'arbre s'accompagne d'un combat acharné pour rester en vie : de la germination qui lui permettra de trouver sa place au soleil, aux tempêtes, à la sécheresse et aux pluies acides provoquées par la pollution atmosphérique, l'arbre que nous enlaçons a, comme nous, traversé de nombreuses épreuves pour être toujours bien vivant.

Pour lutter contre les insectes

Les indésirables comme la cochenille ou le puceron cherchent inlassablement la faille pour se nourrir de la sève de l'arbre, les scolytes et termites grignotent son bois et les larves et des vers blancs se régalent de ses feuilles et de ses racines. L'arbre a fort à faire pour préserver son intégrité ! Il sécrète alors des résines, des gommes et des tanins qui coupent l'appétit des petites bêtes en inhibant leur production d'enzymes digestives… Le bouclier qu'est l'écorce se compose de lignite et de silice et forme la première barrière de l'arbre contre les champignons invasifs, les insectes et petits animaux.

Qu'est-ce que les phytoncides ?

Ces substances émises par les arbres ont un effet neutralisant sur des microbes et des champignons. Ce sont pour la plupart des flavonoïdes et des huiles essentielles. Les études en laboratoire ont prouvé leurs effets contre les microbes (par exemple le charmant colibacille, son ami, le non moins sympa staphylocoque et le divin streptocoque). C'est à eux que l'on doit probablement de nombreux effets favorables des bains de forêt sur la santé. En forêt, il y a en moyenne deux à trois fois moins de microbes dans l'air qu'en lisière de bois ! Ce sont des substances volatiles et éphémères, de structure suffisamment fine pour entrer dans notre corps par les poumons et ainsi venir apporter leurs bienfaits dans tout le corps *via* la circulation sanguine. Georges Plaisance, ingénieur des eaux et forêts dont nous avons déjà parlé, constate que les concentrations sont plus fortes en été, lors des mois de juillet et août, entre 11 heures et 14 heures. Pour en bénéficier pleinement, privilégiez donc cette période pour vos sorties de sylvothérapie.

Zone de combat

La zone de combat d'un arbre est la zone limite jusqu'à laquelle il va pouvoir se développer en altitude. Les conditions sont extrêmes en montagne : vent, froid (le pin cembro résiste à des températures allant jusqu'à moins 40 °C !)... Par exemple dans les Alpes, la limite supérieure de la forêt se situe aux alentours de 2 300-2 500 mètres. Cette donnée est différente en fonction des latitudes : ainsi, dans les Vosges, les arbres poussent jusqu'à 1 200 ou 1 300 mètres. Avec le réchauffement climatique, cette limite d'altitude a tendance à s'élever ; on peut le remarquer dans certains massifs alpins, par exemple dans les Hautes-Alpes où les jeunes mélèzes germent de plus en plus haut. Cette notion n'existe pas dans les forêts de plaine.

Pourquoi les feuilles... ?

... changent-elles de couleur en automne ?

Le manque de lumière ralentit la photosynthèse et le froid dégrade la chlorophylle. Ces belles couleurs jaunes, rouges et orangées sont des pigments révélés par cette dégradation de la chlorophylle (qui colore les feuilles en vert), qui étaient présents mais invisibles jusqu'alors...

C'est un cercle vertueux : les feuilles tombent et, une fois au sol, elles se « recyclent » : une feuille qui tombe se décompose et nourrit de nouveau l'arbre. La feuille de hêtre sera complètement dégradée en trois à quatre ans, alors qu'il faut dix ans à une aiguille de sapin pour se décomposer !

... tombent-elles ?

Les arbres qui perdent leurs feuilles (les arbres à feuilles caduques) sont en réalité dotés d'un système perfectionné de protection contre le froid. Les feuilles étant de petits réservoirs à eau et gaz, le gel provoquerait d'immenses dégâts dans leurs petits vaisseaux, puisque l'eau qui gèle augmente de volume et durcit. En perdant ses feuilles, l'arbre évite également l'embolie. Les gaz, emprisonnés par le froid, resteraient coincés au printemps dans les vaisseaux et empêcheraient la sève de circuler. Les aiguilles, beaucoup plus denses et résistantes au froid, ont une fine pellicule protectrice et échangent moins d'eau avec l'extérieur, pouvant ainsi rester en place. À l'arrivée des grands froids, elles produisent même une sorte d'antigel naturel.

Chapitre 5

Les arbres à découvrir

À chaque arbre ses vertus

L'expérience du contact avec les arbres m'a permis de déterminer, petit à petit, les effets des essences d'arbres, cœur de ce qui fait la sylvothérapie. Loin de toute interprétation brumeuse, car mon côté terre à terre ne me laisserait pas faire, j'ai pu déterminer que le contact avec un hêtre apporte des choses bien différentes que le contact avec un sapin. Si nous partions ensemble faire ces découvertes, je vous laisserais d'abord ressentir les choses, pour vous permettre de constater par vous-même ce que vous procure tel ou tel arbre. Eh oui, bonne nouvelle, la sylvothérapie n'est pas une science exacte ! Elle fait la part belle à ce qui se passe en vous au contact d'un arbre. Aussi, et parce que c'est une pratique relativement jeune, il est possible que les indications relatives à chaque arbre ne soient pas exhaustives. Plutôt que de tenter des interprétations hasardeuses, il me semble préférable de laisser parfois à chacun le soin de trouver, dans sa rencontre avec l'arbre, les bénéfices obtenus.

Comment lire ce chapitre ?

La sylvothérapie est une pratique qui existe depuis longtemps, mais où tous les arbres ne sont pas abordés en détail. J'ai décidé de vous présenter une trentaine d'essences qui me parlent le plus, avec une subjectivité assumée dans le choix des bénéfices sylvothérapeutiques de certains arbres. Vous y trouverez également des arbustes qui font partie du biotope et qui ont une influence sur le bain de forêt. J'ai également choisi de vous parler d'arbres qui sont connus comme les arbres des vergers et des jardins. Même si l'on sort un peu du cadre du bain de forêt, leurs qualités extraordinaires vous permettront de faire des expériences très intéressantes tout près de chez vous !

Ce chapitre est le fruit de mon expérience, alimentée par mes sorties sur le terrain et des ressentis et expériences partagés avec les gens que j'accompagne en cures de sylvothérapie. Le niveau de détails des propriétés de « sylvothérapie » est donc différent suivant les essences présentées dans les fiches de chaque arbre. Certaines essences ne nécessitent pas que l'on s'attarde sur les propriétés sylvothérapeutiques, soit parce que les effets sont comparables d'une espèce à l'autre, soit parce que les études sur ces essences particulières sont limitées ou inexistantes. Il m'a semblé intéressant de compléter les informations de sylvothérapie par un peu de botanique, de phytothérapie et de gemmothérapie, ainsi que des mythes et légendes, dans le but de nourrir votre approche de l'arbre.

Mais peut-être avez-vous envie de vous faire votre propre idée sur ce que chaque arbre peut vous apporter, sans être influencé ? Vous découvrirez ici des connaissances botaniques et ma propre expérience des bains de forêt. Si vous souhaitez comparer votre vécu aux informations qui suivent, il est tout à fait envisageable d'aller à la rencontre des arbres et de lire ce chapitre ensuite.

Si des indications pour des maladies figurent dans les fiches suivantes, gardez en tête que le contact avec les arbres est une pratique préventive et un complément bienfaisant en cas de pathologie, une source de bien-être quel que soit votre état, mais en aucun cas une prescription médicale permettant littéralement de se soigner.

La forêt, organisme bénéfique dans son ensemble

Nous allons donc développer les caractéristiques propres à chaque arbre. Mais comment faire si vous vous trouvez dans une région où l'arbre qui vous intéresse n'est pas présent ? Eh bien la forêt dans son ensemble vous apportera quoi qu'il arrive de nombreux bénéfices. La communauté des arbres agit en effet comme un cocon protecteur : la température est régulée, le vent y est plus faible, l'humidité est plus élevée et ses variations sont moins violentes, le champ électrique est quasi inexistant, l'air est plus pur. Enfin, la lumière est plus faible, avec moins de rayonnements UV, ce qui crée un environnement visuel propice au calme et au recentrage. Les bruits sont également atténués et vous êtes loin de toute pollution de l'air. Une séance de sylvothérapie vaut bien un séjour dans des thermes marins : l'oxygénation et la sensation de calme qu'ils procurent les rendent comparables. Vous n'êtes donc pas obligé de focaliser vos recherches en direction d'un arbre bien particulier, mais vous pouvez vous laisser guider par vos envies en fonction du lieu où vous vous trouvez.

Des clés pour comprendre la forêt

L'application « Clés de forêt » réalisée par l'ONF, le ministère du Développement durable et la fondation GoodPlanet est particulièrement utile et agréable à utiliser lors de vos sorties. Elle dispose d'une rubrique « Reconnaître un arbre » qui vous apprendra en trois clics comment distinguer les différents arbres de la forêt, en fonction de l'écorce, des feuilles ou des fruits rencontrés. C'est bien la seule raison pour laquelle vous aurez le droit de ne pas éteindre votre portable (d'autant plus qu'une fois téléchargée, elle fonctionne en « mode avion ») !

Les arbres !

*Amandier (*Prunus Amygdalus*)*

Le superbe amandier est l'arbre de l'amour tragique, de la fidélité par-delà la mort. La légende grecque raconte le mythe de Phyllis et Démophon. Ils sont jeunes, probablement beaux comme dans tous les mythes grecs, ils s'aiment et vont se marier. Mais Démophon doit partir… De longs mois s'écoulent et il ne rentre toujours pas. Phyllis, désespérée, se donne la mort. Les dieux, émus par la sincérité de son amour, la changent en amandier. Lorsque Démophon rentre enfin, éperdu de tristesse, il enlace l'amandier, qui fleurit alors instantanément.

Comment le reconnaît-on ?

Arbre à feuilles longues, fines et dentelées, ses fleurs sont en février de couleur blanche ou légèrement rosée.

Où le trouve-t-on ?

Originaire d'Asie occidentale et centrale, il pousse volontiers dans les régions ensoleillées où l'hiver est moins rude qu'ailleurs : Midi toulousain et pourtour méditerranéen. Il fleurit dès la fin de l'hiver et ses fleurs craignent les dernières gelées.

Sylvothérapie

C'est l'arbre qui apaise les cœurs brisés, des adolescents désespérément amoureux, des personnes ayant vécu une immense déception amoureuse. Apaisant et calmant, il sera aussi bénéfique si vous êtes physiquement irrité, par exemple en cas de démangeaisons cutanées.

Phytothérapie

L'amandier calme la toux, notamment des toux de coqueluche. Il est aussi diurétique, peut servir de vermifuge, et on l'utilisait pour faire baisser la fièvre.

Gemmothérapie

Les bourgeons d'amandier favorisent la fluidification du sang et la régulation de la circulation. Ils peuvent aider, comme remède de terrain, à faire baisser le taux des triglycérides sanguins. Ils préservent le bon fonctionnement de l'activité des reins.

Alisier blanc (Sorbus aria)

L'alisier est de la même famille que le poirier, le pommier sauvage ou le merisier : les rosacées. Les Anciens récoltent ses fruits, les alises, pour en faire de l'eau-de-vie, mais il faut attendre qu'ils soient trop mûrs et entament leur décomposition pour commencer à les faire macérer !

Comment le reconnaît-on ?

De croissance lente, il reste relativement petit comparé à ses amis de la futaie : son maximum se situe autour des 25 mètres de haut. Le tronc peut atteindre 2 mètres de diamètre. L'écorce lisse est grise si vous vous trouvez face à un jeune alisier et devient brun foncé quand l'arbre prend de l'âge. Ses fruits rouges et acidulés, les alises, sont riches en tanins – ils soignent les diarrhées et la dysenterie. Ses feuilles, de 10 centimètres de long et de large, sont brillantes et vert foncé dessus, et blanches en dessous ; elles poussent en décalé.

Où le trouve-t-on ?

L'alisier aime les sols calcaires, meubles et limoneux, il est assez copain avec les frênes, les hêtres et les chênes, à proximité desquels il pousse volontiers. On en trouve peu dans le midi et l'ouest de la France, mais il est très présent dans l'Est, à la fois dans les montagnes et les collines.

Sylvothérapie

L'alisier est l'arbre de la générosité, du partage, de l'accueil. Ses fruits le font vivre en étroite association avec les oiseaux, qui mangent les petites boules rouges en hiver. La beauté flamboyante de cet arbre rouge en automne réchauffe le cœur.

Gemmothérapie

Les teintures-mères et les macérats glycérinés de bourgeons d'alisier sont également appelés « sorbier ». Sa propriété est de drainer le corps, de tonifier et de réguler la circulation.

Aubépine (Crataegus laevigata)

La fleur d'aubépine, blanche et délicate, est associée par la religion chrétienne à la Vierge Marie pour l'idée de pureté qu'elle dégage et au Christ, car ses épines sont dures et pointues comme la couronne qui ceignait son front. C'est peut-être pour cela qu'autrefois, dans les maisons, on déposait une branche d'aubépine pour éloigner la foudre et protéger la demeure. Dans certaines communes de France, une branche d'aubépine posée devant la porte signifiait que la maison abritait une jeune femme bonne à marier… ou au caractère piquant ! Tout dépendait de la façon dont on disposait ces branches et de la région dans laquelle on se trouvait.

Comment la reconnaît-on ?

On la trouve le plus souvent sous forme d'arbrisseau, mais il arrive qu'elle prenne la forme d'un arbre. Elle a des épines dures, des fleurs de printemps blanc crème qui sentent très fort, une odeur assez animale. Les étamines sont rose vif au centre. Les fruits, qui mûrissent entre août et octobre, sont rouge vif. La longévité de l'aubépine est de plusieurs siècles.

Où la trouve-t-on ?

Elle pousse facilement dans les haies et lisières des forêts.

Sylvothérapie

Voici un exercice de sylvothérapie à faire avec cet arbre au printemps : stimulez votre goût en mangeant les feuilles vert clair qui sont très tendres ! Comme en phytothérapie où l'aubépine régule les contractions cardiaques, on l'utilisera pour les gens stressés, avec des emballements du rythme cardiaque dus au stress.

Phytothérapie

C'est un sédatif du système sympathique et un antispasmodique (intéressant pour les règles douloureuses) du système nerveux. Il sert également à dynamiser la circulation sanguine (dans les cas d'hémorroïdes notamment) et régule l'hypertension ou l'hypotension.

Gemmothérapie

C'est la plante du cœur défaillant, car elle régule les mouvements cardiaques.

On s'en sert pour équilibrer la tension, que ce soit de l'hypertension ou de l'hypotension. On peut également utiliser un macérat de bourgeons pour les tempéraments nerveux, mais aussi pour les suites d'infarctus, l'âge qui fatigue le cœur… C'est un remède pour les terrains cardiaques. On peut par ailleurs le prendre pour la circulation sanguine cérébrale : il est indiqué pour les problèmes d'attention, de concentration et de mémoire.

La prise de ces bourgeons influe sur la qualité du sommeil, indiquée pour les personnes ayant un sommeil non réparateur et sans rêve, avec une impression de fatigue au réveil et des troubles nerveux ou de l'irritabilité pendant la journée. On la considère comme un régénérant du sommeil pour ceux qui ont des activités intellectuelles intenses, comme les étudiants en période d'examen. Enfin, elle stabilise les insomnies de la ménopause et pourrait avoir un effet sur les bourdonnements d'oreilles.

Aulne (Alnus glutinosa)

Dans la mythologie grecque, l'aulne est l'arbre associé à Cronos, dieu de la mort. Autant vous dire qu'il n'a pas toujours eu bonne réputation : au Moyen Âge, on le considérait comme l'arbre des démons et des mauvais esprits. C'est cependant un arbre dont le bois a la propriété de durcir lorsqu'on le met dans l'eau, il fut donc utilisé pour les pilotis de la belle ville de Venise.

Comment le reconnaît-on ?

Ses feuilles sont rondes, plates au bout, vernies, un peu visqueuses et alternées. Dès l'hiver, les chatons femelles dressés se reconnaissent à leur couleur pourpre et à leur toute petite taille ; les chatons mâles (pourpres en hiver et vert-jaune en été), sur le même arbre, pendent vers le bas. Son fruit ressemble à de toutes petites pommes de pin, de couleur brune à maturité, regroupées par entités de trois à cinq individus par branche.

Où le trouve-t-on ?

Il croît volontiers au bord des cours d'eau et des lacs, sur tous les terrains humides.

Sylvothérapie

Par extension de son effet phytothérapeutique, on peut conseiller sans risque aux personnes ayant un grand besoin de s'oxygéner d'aller au contact de l'aulne.

Phytothérapie

On utilise l'aulne comme tonifiant du système immunitaire et pour stimuler la circulation du sang dans le cerveau. La pharmacopée traditionnelle indique également ses bienfaits sur les maux de gorge et les angines, mais aussi sur les rhumatismes grâce aux tisanes de feuilles. On l'utilisait pour faire passer les douleurs de sciatique et son écorce était réputée pour faire baisser la fièvre.

Gemmothérapie

Le macérat de bourgeons d'aulne est un remède de la sphère broncho-pulmonaire : utile pour les asthmes allergiques, c'est aussi un stimulant du système immunitaire. Il semble également avoir une action stimulante sur la circulation sanguine et l'oxygénation du cerveau ; on peut notamment l'utiliser en cure de terrain pour les personnes présentant des risques de phlébite, ou pour celles ayant des difficultés de concentration et des troubles de la mémoire…

On lui attribue par ailleurs une action antibiotique naturelle, anti-inflammatoire, surtout dans les cas de cystites, et un effet sur les migraines (non liées aux problèmes de foie).

Bouleau (Betula alba)

L'écorce blanche fait un allume-feu très efficace, qui brûle même mouillé grâce à sa grande concentration en résine. C'est un arbre sacré dans de nombreuses cultures, considéré comme l'axe central du monde en Sibérie, symbole du printemps et des jeunes filles en Russie.

Comment le reconnaît-on ?

Un jeune bouleau possède une écorce fine et blanche, un tronc souvent lisse et élancé, des branches flexibles qui pendent. Les feuilles sont en forme de losange. Au printemps, l'arbre porte des chatons mâles et femelles. En vieillissant, le tronc change, devient plus granuleux, il se crevasse, mais garde cependant des petites plaques blanches, plus difficiles à percevoir que chez les jeunes sujets.

Où le trouve-t-on ?

En Europe et en Asie. Il aime les lieux humides, mais pas en haute altitude : jusqu'à 1 000 mètres, le bouleau pousse bien, mais pas au-delà. Le bouleau aime la tourbière féconde, l'acidité du sol.

Sylvothérapie

C'est un arbre de sagesse et d'espoir : c'est le premier à pousser sur une zone défrichée. Grâce à sa croissance rapide, il symbolise pour moi le retour de la vie. À son contact, l'hypertension se régule. La formidable douceur du tronc, le bois qui réchauffe, la sublime couleur blanche de son tronc, la couleur or de ses feuilles en automne sont autant de sources de ravissement lors d'un bain de forêt.

Il incarne aussi une certaine idée de la fluidité et du mouvement, et des chercheurs russes ont d'ailleurs constaté que la présence de bouleaux dans l'environnement de personnes atteintes de maladies cardio-vasculaires avait un effet positif sur leur état de santé.

On peut se prêter à l'exercice de sylvothérapie du goût avec ses jeunes feuilles au goût amer et résineux.

Phytothérapie

Le bouleau est utilisé en phytothérapie pour combattre de nombreuses affections : du rhumatisme au cholestérol, en passant par la rétention d'eau, les calculs urinaires et toutes les infections et inflammations des voies urinaires, la goutte ou la cellulite. On le considère également comme un bon dépuratif de la peau, des reins et de la prostate. C'est un diurétique. En homéopathie, il sert à drainer les terrains arthritiques et c'est un euphorisant.

Il faut être vigilant si l'on veut faire ses propres prélèvements de sève : ne pas trop percer l'arbre, et jamais au même endroit, car il y a un risque de tuer une branche.

Gemmothérapie

Sa sève au printemps est dépurative, elle draine tous les organes en douceur, stimulant la circulation dans l'organisme avec fluidité. On prend ce remède de bourgeons en cure pour l'arthrite et les calculs urinaires, l'ostéoporose et les raideurs articulaires. Après l'hiver, c'est utile pour se revitaliser et éliminer les raclettes !

Cerisier (Cerasus vulgaris)

Il existe de nombreuses variétés de cerisiers, et le goût de leurs petits fruits peut incroyablement varier d'une espèce à l'autre : sucré ou acide, à chair rouge ou jaune rosé... Au Japon, la période de floraison printanière est l'objet d'un véritable moment de fête nationale, où la contemplation des arbres fleuris est une occupation à part entière.

Comment le reconnaît-on ?

Le cerisier a des feuilles oblongues et dentelées, de couleur vert foncé. Les délicates fleurs blanches ont cinq pétales, regroupés en bouquets.

Où le trouve-t-on ?

Il pousse dans les pays tempérés et sur tout le territoire français, dans les vergers. On suppose qu'il est originaire d'Asie occidentale.

Sylvothérapie

Détoxifiant de mai et juin, cet arbre participe au renouveau du corps au printemps. La délicatesse de ses fleurs peut faire l'objet d'une rêverie contemplative et apaisante.

Phytothérapie

C'est un arbre riche en tanins et en acide salicylique, aussi l'utilisait-on pour lutter contre les fièvres. C'est également un diurétique utile en cas de cystites, et un laxatif. Autrefois, le cerisier servait contre la goutte, et sa sève contre l'arthrite.

Gemmothérapie

Les cures de bourgeons de cerisier aident les hypertendus, ceux qui ont des crises de goutte, des rhumatismes, et les personnes obèses.

Charme (Carpinus betulus)

On aime venir s'asseoir et rêver sous ce bel arbre. J'aime à penser que c'est de là que vient l'expression « être sous le charme ».

Comment le reconnaît-on ?

Les feuilles du charme ressemblent à celles du hêtre, à ceci près qu'elles ont des petites « dents » en plus. Son tronc est parfaitement rectiligne et son écorce ressemble à celle des hêtres.

Où le trouve-t-on ?

Dans les plaines du Nord et de l'Est principalement, ce n'est pas un arbre de haute altitude.

Sylvothérapie

Symbole de grandeur, tonifiant et euphorisant, il pousse en futaie. Le contact avec cet arbre sera utile aux personnes ayant besoin de retrouver du courage ou de l'énergie, après une phase de longue maladie ou bien une déprime.

Gemmothérapie

Les bourgeons du charme sont un remède de terrain pour les rhino-pharyngites chroniques. Par ailleurs, il agit sur l'excès de cholestérol.

Châtaignier (Castanea sativa)

Le bois du châtaignier ne pourrit jamais. Considéré comme l'arbre à pain chez les Romains qui en tiraient de la farine de châtaigne, c'est un arbre généreux et nourricier. En France, en Italie, en Espagne, au Portugal et dans toutes les zones montagneuses où les céréales avaient du mal à pousser, la délicate châtaigne était une nourriture de base indispensable à la survie. Les Corses fabriquaient quant à eux un « pain de bois » fait à base de farine de châtaigne.

Comment le reconnaît-on ?

Le châtaignier peut mesurer jusqu'à 35 mètres de haut. Le tronc est droit, les branches sont anguleuses et l'écorce se fissure à la verticale avec le temps et devient brun foncé.

Sur la branche, les feuilles sont décalées les unes par rapport aux autres. Elles sont allongées, avec des petites dents et passent du vert foncé au jaune d'or puis au marron à l'automne. Les feuilles restent sur la branche et ne tombent qu'une fois qu'elles sont sèches.

La bogue épineuse de la châtaigne contient ses précieuses grosses graines brunes et comestibles.

Où le trouve-t-on ?

Il aime la sécheresse et les sols acides ; on en trouve beaucoup en Bretagne, en Corse et dans le Massif central, ainsi qu'en moyenne montagne (jusqu'à 1 000 mètres d'altitude).

Sylvothérapie

Sa vertu principale ? Rééquilibrer les pensées. Si vous êtes perdu dans les choix à faire dans votre vie, aller au contact du châtaignier vous aidera à poser vos pensées pour faire vos choix sereinement.

Le châtaignier est également symbole de générosité et de fécondité, de chaleur réconfortante. Il peut donc vous accompagner dans des moments de votre vie où vous trouvez que l'abondance manque, lorsque l'aridité du quotidien vous pèse ou que vous souhaitez mettre plus de rondeur dans vos journées.

Sa robustesse lui donne les mêmes indications masculinisantes et redynamisantes que le chêne.

Phytothérapie

Le châtaignier sert de sédatif contre la toux bronchique et la toux de coqueluche, mais c'est aussi un soin antirhumatismal. Il peut être utilisé pour faire baisser la fièvre.

Gemmothérapie

En gemmothérapie, le bourgeon de châtaignier tonifie la circulation sanguine. Il est donc très utile pour les problèmes de jambes lourdes ou d'hémorroïdes. On l'utilise également pour atténuer la cellulite due à de la rétention d'eau et à une mauvaise circulation sanguine et lymphatique.

Chêne (Quercus pedunculata)

Le chêne était un arbre majeur chez les druides, car il portait le gui, plante sacrée. On officiait les cérémonies druidiques à l'ombre des majestueux chênes. Il est considéré comme immortel.

Comment le reconnaît-on ?

La forme typique de la feuille de chêne est joliment découpée de cinq à sept petites vagues arrondies, vert foncé sur le dessus et un peu plus pâles dessous. Si vous avez la chance de le rencontrer au printemps, vous verrez les chatons de couleur jaune pâle qui pendent vers le sol : ce sont les fleurs mâles. Les fruits qui arrivent ensuite sont les glands, lisse aux trois quarts et coiffés d'un petit chapeau à la texture grumeleuse. Un jeune chêne a une écorce plutôt grise et lisse au début de sa vie, puis plus il vieillit et plus son écorce se creuse de sillons profonds.

Un chêne peut mesurer jusqu'à 40 mètres de haut.

Où le trouve-t-on ?

Majoritaire dans les forêts françaises, le chêne pédonculé est néanmoins absent des forêts méditerranéennes et des Alpes du Sud. On peut également trouver sur le territoire des chênes verts, des chênes rouvres et des chênes-lièges. Le chêne a besoin de beaucoup de lumière, aussi le retrouve-t-on souvent en lisière de chemin, dans les haies. Le sol doit être très dense, riche en nutriments, frais et humide. Comme les racines du chêne s'enfoncent profondément dans la terre (jusqu'à 20 mètres sous l'arbre !), il doit y avoir une belle profondeur de terre pour qu'il soit à l'aise.

Sylvothérapie

Il est le symbole de la force ; son tronc est plus large en bas et il se rétrécit en montant. Le large étalage des branches majestueuses et symétriques rend sa force visible. Il redonne confiance en soi et, en captant la force du chêne, on se tonifie également – son effet tonifiant s'explique par l'ancrage puissant de ses racines dans le sol. Il incarne par ailleurs la robustesse : moins sensible que les autres arbres aux vents forts, il ne bouge pas et donne l'impression que rien ne peut le déstabiliser. C'est aussi un arbre qui vit très longtemps : de 500 à 1 200 ans !

Le chêne aide à retrouver la sérénité – il évoque la puissante chaleur du bois qui nous chauffe. C'est le roi de la forêt, symbole d'équilibre entre les racines et les branches, entre la terre et le ciel. Il nous redonne le sens de la verticalité, le courage de tenir debout malgré l'adversité.

Phytothérapie

Son écorce est astringente et un tonique du tube digestif, et on en fait des bains de siège pour tous les problèmes circulatoires du petit bassin.

Le chêne est indiqué dans les cas d'angines et de problèmes de peau comme les dermatoses, les engelures…

Gemmothérapie

C'est un tonifiant général de l'organisme, utile en cas de fatigue, qu'elle soit physique ou psychique (de même que l'asthénie et les problèmes sexuels masculins). Le macérat de bourgeons de chêne favorise la création d'hormones.

Érable (Acer campestre)

Considéré par les druides comme le messager des dieux, l'érable parlait à travers le souffle du vent dans ses branches… Saurez-vous écouter son murmure ?

Comment le reconnaît-on ?

Avec plus de 150 sous-espèces d'érable, impossible de les détailler tous !

Il fait partie de ces arbres qui perdent leurs feuilles (c'est un arbre à feuilles caduques). Les graines, qui ressemblent à deux petites ailes, sont très faciles à reconnaître. Ce sont elles qui permettent à l'arbre d'aller pousser très loin ! Ses feuilles poussent par paires et à angle droit, et se parent de couleurs chatoyantes, du pourpre à l'orange à l'automne. L'écorce se détache par endroits et s'enroule sur elle-même. Un érable peut mesurer jusqu'à 30 mètres de haut.

Où le trouve-t-on ?

Il aime les climats frais et humides, les terres fertiles et bien drainées. Symbole du Canada, il pousse un peu partout dans le monde, avec de nombreuses sous-espèces.

Sylvothérapie

L'érable redonne du tonus aux personnes convalescentes, avec son énergie puissante et dynamique. On ira également rencontrer un érable si l'on souffre de rhumatismes ou d'infections pulmonaires. Visuellement, ses couleurs de feu à l'automne vont stimuler le dynamisme.

Gemmothérapie

Utile en accompagnement des traitements contre le cholestérol et pour les personnes souffrant d'athérosclérose. Le macérat d'érable draine aussi le système circulatoire et les toxines de l'organisme.

Frêne (Fraxinus excelsior)

Arbre majeur dans la mythologie scandinave, il est l'axe reliant tous les niveaux de l'univers : le ciel, la terre et l'espace entre les deux. On lui prête d'être à l'origine de la vie et du savoir. Censé effrayer les serpents selon Pline, c'est à l'ombre de celui-ci que vous pouvez choisir de faire la sieste si vous craignez les rampants !

Comment le reconnaît-on ?

Il grandit vite et en hauteur, jusqu'à 40 mètres, son tronc peut atteindre un mètre de diamètre et son feuillage est peu dense. La feuille pousse à angle droit de la précédente, et elle est aiguë et dentelée.

Où le trouve-t-on ?

Dans les zones ensoleillées et au bord des rivières, le frêne représente à peine 2,6 % des arbres des forêts françaises. On le trouve surtout en Picardie (Nord), Champagne-Ardenne et Franche-Comté. Il peut pousser en montagne, mais pas au-delà de 1 500 mètres d'altitude. Il n'y a que dans le Sud-Est que l'on n'en trouve pas tellement.

Sylvothérapie

Il faut faire bien attention à ce qu'il ne soit pas malade, et vérifier qu'il a des feuilles et pas de branches mortes. Les populations de frênes ont été victimes d'épidémies de chalarose en Europe ces dernières décennies.

Il est profitable pour les enfants, les femmes enceintes et les convalescents. Le contact avec cet arbre apporte solidité et sentiment d'immortalité. Il donne de la force et de la vigueur à la femme enceinte, qui a besoin d'énergie car elle vit pour deux pendant sa grossesse. C'est un arbre vif et dynamisant, auquel on attribuait autrefois le pouvoir de guérir les impuissants.

Phytothérapie

Cet arbre a des vertus diurétiques, fébrifuges et antirhumatismales.

Gemmothérapie

On utilise les bourgeons de frêne pour les rhumatismes, l'arthrose et la goutte. Son effet anti-inflammatoire est très utile pour les articulations douloureuses aux mains et aux pieds. C'est un draineur qui empêche la rétention d'eau et il est utile dans les cas de cholestérol et de présence d'acide urique dans le corps. Ses indications en gemmothérapie font également état d'un effet fébrifuge.

Genévrier (Juniperus communis)

Considérées comme une panacée depuis toujours, les baies de genévrier sont toujours utilisées de nos jours, principalement en cuisine où elles parfument les choucroutes. On en fait également un alcool.

Comment le reconnaît-on ?

Le plus souvent, vous croiserez le genévrier sous la forme d'un arbuste, dont le tronc possède une écorce rougeâtre et des aiguilles fines et acérées d'un beau vert bleuté. Les fruits sont de petites baies, les baies de genièvre, en forme de boules miniatures. Elles maturent en deux ans et se colorent en bleu très sombre à noir.

Où le trouve-t-on ?

Sur les coteaux secs, les landes et les bois clairs, c'est un arbre commun en France, principalement dans l'hémisphère nord et dans les montagnes, mais pas au-delà de 3 000 mètres.

Phytothérapie

Les baies de genévrier sont diurétiques (l'urine sentira la violette après qu'elles auront été absorbées), mais également dépuratives, toniques, sudorifiques et favorisant le travail de l'estomac. On l'utilisait en médecine traditionnelle contre les calculs biliaires ou rénaux, les crises de goutte, l'arthrite et les rhumatismes. On lui attribue également le pouvoir de déclencher les règles chez les femmes dont les cycles sont irréguliers. L'usage le plus connu de la baie de genévrier est digestif, c'est pour cette raison qu'on l'ajoute dans les plats : il évite flatulences et éructations !

Gemmothérapie

C'est une plante dont le macérat a un effet drainant sur le foie et la vésicule biliaire. C'est donc un soin tout indiqué dans les suites d'hépatite et de calculs vésicaux, afin de régénérer le foie et la vésicule malmenés. On peut tout à fait l'utiliser à la suite de longues maladies avec hospitalisation et traitements chimiques lourds, notamment une chimiothérapie, pour aider le corps à se régénérer. Comme il élimine les déchets organiques, le macérat glycériné de bourgeons peut aider ponctuellement pour drainer fortement, par exemple lors d'une cure de printemps.

C'est l'un des bourgeons à utiliser parcimonieusement, en cures courtes, et non tout au long de l'année.

Hêtre (Fagus sylvatica)

Dans les Vosges se trouvait dans un bois chenu un hêtre très ancien, que l'on appelait le « Beau May ». Majestueux, les jeunes femmes le paraient au mois de mai de couronnes de fleurs : il était alors « beau en mai ». La légende raconte qu'une certaine Jeanne d'Arc, alors encore pucelle, avait elle-même pris part à ce charmant rituel, décorant ce hêtre, non loin de l'endroit où elle entendit des voix.

Comment le reconnaît-on ?

Ce magnifique arbre représente environ 10 % des habitants de la forêt. De la même famille que le chêne ou le châtaignier, il peut vivre entre 150 et 400 ans. Ses feuilles sont ovales et bordées de cils, elles ressemblent à celles du charme, mais avec des poils au bord. Les fleurs du hêtre donnent des bogues ligneuses qui libèrent des faines, ses fruits. L'écorce est de couleur gris acier lorsqu'il se trouve en plaine et il est quasiment toujours recouvert de lichen blanc en montagne.

Si ses racines s'étalent juste sous la surface du sol et non en profondeur, c'est un arbre solide sur ses bases : il peut monter jusqu'à 40 mètres de haut !

Il arrive à maturité aux alentours de 40 ans.

Où le trouve-t-on ?

C'est un arbre natif d'Europe et d'Asie occidentale. Il aime s'établir dans des sols frais et a besoin d'ombre. Il pousse donc souvent en futaie, à l'abri des chênes.

Sylvothérapie

Arbre de plénitude et de sérénité, il inspire le calme et la beauté. C'est un arbre reposant, pour les insomniaques, les stressés. Il permet de retrouver son calme et sa sérénité. Dans une forêt à majorité de hêtres, cela multiplie la puissance de l'exercice ; la respiration captera les terpènes présents en nombre. Je suis très sensible à cet arbre, il a un pouvoir intéressant et que je recherche sur moi : il est « mon hêtre cher ». Les jeunes feuilles vert clair du printemps sont acidulées, on peut les goûter lors des exercices de sylvothérapie orientés vers le goût.

Phytothérapie

C'est un succédané de quinquina, qui aide à combattre la fièvre, dont l'effet est antiseptique, vermifuge et purgatif.

Gemmothérapie

Ce bourgeon agit sur les reins et les soucis de calculs. Il est diurétique et aide dans les problèmes articulaires et l'excès d'eau (notamment la cellulite par rétention d'eau). C'est un réparateur psychologique des chocs et des traumatismes, utile en cas de dépression nerveuse.

Le charme et le hêtre : le charme d'Adam, c'est d'être à poil !

Pas facile de voir en un seul coup d'œil la différence entre un charme et un hêtre. Ces deux arbres ont des feuilles qui se ressemblent beaucoup : même couleur, même forme. Pourtant, le charme a des dents (adam) sur ses feuilles, et le tour des feuilles du hêtre a des petits poils. C'est ainsi que l'on différencie les deux arbres.

*Mélèze (*Larix decidua*)*

Le mélèze est un symbole d'immortalité ; son bois dur est réputé imputrescible, c'est la raison pour laquelle on l'utilisait pour les coques de bateaux et les charpentes.

Comment le reconnaît-on ?

Le mélèze a la particularité d'être le seul conifère européen à perdre ses aiguilles en automne, il peut mesurer jusqu'à 40 mètres de haut et vivre 600 ans ! Son tronc à l'écorce grise et brun-rouge qui se fend avec le temps peut mesurer jusqu'à 50 centimètres de diamètre.

C'est un arbre qui pousse lentement. Les aiguilles du mélèze sont petites et molles, attachées par touffes. On peut fréquemment voir sur le mélèze ses cônes qui restent attachés d'une saison à l'autre.

Où le trouve-t-on ?

C'est un arbre de montagne qui aime pousser entre 1 200 et 2 400 mètres d'altitude, avec la cime au soleil et les racines au frais.

Sylvothérapie

Feu de l'automne, c'est l'arbre vers lequel on se tourne pour retrouver, à son image, sa solidité intérieure. C'est mon autre arbre fétiche, car il incarne la splendeur, l'élégance, et j'aime particulièrement la flamboyante couleur or dont il se pare à cette saison.

Les térébenthines du mélèze sont utiles pour les gens dont le stress oppresse le système respiratoire. Si vous avez du mal à inspirer profondément, que votre souffle est bloqué par le stress, le contact avec le mélèze vous fera du bien.

Gemmothérapie

Les bourgeons de mélèze stimulent le système respiratoire.

Noisetier (Corylus avellana)

On trouve des restes fossilisés de noisetiers dans des sites archéologiques de plus de 10 000 ans ! Très nutritive, la noisette est le fruit oléagineux le plus riche en protides et en lipides. Les sourciers qui cherchent l'eau le font traditionnellement avec une baguette de coudrier, qui n'est autre que du bois de noisetier.

Comment le reconnaît-on ?

Des feuilles larges et doublement dentelées, le noisetier a des fleurs mâles et femelles qui cohabitent sur le même pied. Les mâles sont des chatons jaunes cylindriques qui apparaissent avant le feuillage dès la fin de l'hiver ; les chatons femelles, tout petits, sont de couleur rose fuchsia. Ils sont très discrets et apparaissent au bout des bourgeons.

Où le trouve-t-on ?

Le noisetier pousse bien dans les haies et en lisière de forêt un peu partout en France, en Europe, en Asie occidentale et en Afrique du Nord.

Sylvothérapie

C'est l'arbre de la méditation, il apporte la connaissance, le savoir. Il a la souplesse et la solidité de ce qui plie sans se rompre. C'est aussi un symbole de la reproduction et de la fécondité : on plaçait autrefois un panier de noisettes sous le lit des jeunes mariés pour que leur union soit féconde.

Cet arbre repousse vite et bien, on peut donc le conseiller aux personnes convalescentes, ou à celles qui veulent faire une cure de jouvence !

Phytothérapie

Les feuilles du noisetier sont vasoconstrictrices et anti-inflammatoires, elles agissent comme un tonique veineux contre les varices, les hémorroïdes et les séquelles de phlébites. On leur prête des vertus cicatrisantes, notamment contre les ulcères variqueux. L'huile de noisette sert de vermifuge doux pour les enfants.

Gemmothérapie

Le macérat de bourgeons de noisetier sert en cas de problèmes respiratoires, type emphysème. Il a également une action hépatique de soutien et est utile en cas d'allergie, de bronchite chronique ou d'asthme.

Noyer (Juglans regia)

Une croyance populaire raconte qu'il n'est pas bon de dormir sous un noyer. Plus récemment, des chercheurs ont mesuré la quantité d'ions positifs sous les noyers et ils ont constaté qu'ils étaient plus présents sous cet arbre que sous les autres essences. Cette découverte permettrait d'expliquer l'origine de ce mythe populaire, de même que la libération de juglone lors de la décomposition des feuilles tombées, substance toxique pour les autres végétaux qui tenteraient de pousser sous le noyer.

Comment le reconnaît-on ?

Le noyer a de grandes feuilles de cinq à neuf folioles allongées, un tronc lisse et plutôt clair. Il porte des fleurs mâles et femelles. Son fruit est recouvert d'une écorce verte qui noircit avec le temps une fois tombée au sol, le brou.

Où le trouve-t-on ?

Arbre des pays tempérés, le noyer n'est pas très exigeant quant à la qualité du sol où il pousse, à condition d'éviter les extrêmes : ni trop acide, ni trop alcalin !

Sylvothérapie

Le noyer est un arbre symbole de l'ampleur, de l'envergure et de la majesté (un peu moins que le chêne, mais quand même !). Il peut aider tous ceux qui se sentent petits, écrasés par les circonstances de la vie, à retrouver leur place. C'est aussi un arbre de générosité et de fécondité.

Phytothérapie

Cet arbre est stimulant pour tout le monde, particulièrement au niveau du foie et de la circulation. C'est un dépuratif du sang et on l'utilisait comme antibiotique dans les campagnes d'antan. Il est favorable aux métabolismes perturbés, qu'il rééquilibre, des personnes diabétiques. Les personnes souffrant de maladies de peau comme l'eczéma s'en serviront pour son aspect dépuratif.

Gemmothérapie

Les bourgeons de noyer régénèrent la flore intestinale et sont utiles après une prise d'antibiotiques. Ils sont indiqués dans les cas de fringales, malaises à jeun et coups de barre du milieu de matinée, car ils régulent l'activité du pancréas et de la rate. Enfin, ils stimulent les défenses immunitaires en dynamisant le corps pour l'aider à faire face aux microbes.

Olivier (Olea europaea)

C'est l'arbre de la déesse grecque Athéna, symbole de force, de paix, de fécondité et de purification – on retrouve l'olivier dans de nombreuses religions.

Comment le reconnaît-on ?

C'est un arbre à la longévité exceptionnelle : il peut vivre jusqu'à 2 000 ans ! Il peut atteindre 12 mètres de haut, mais on a l'habitude de voir des oliviers plus petits, car ils sont taillés pour faciliter la récolte des fruits. Ses feuilles sont effilées, d'un beau vert argenté.

Le merveilleux olivier, dont les feuilles sont cirées sur le dessus pour se protéger de la déshydratation et résister au soleil, a la capacité formidable de retourner ces mêmes feuilles quand il pleut afin de capter la pluie.

Où le trouve-t-on ?

L'olivier est incontestablement un arbre de soleil et de sécheresse, d'Europe méridionale ou du Proche-Orient. Il aime tous les sols, sauf les sols humides, et sa préférence va aux terres caillouteuses.

Sylvothérapie

C'est l'arbre de la longévité et de la fertilité. Sa force, son tronc noueux sont un support pour la personne qui prend de l'âge ou a besoin de retrouver la pulsion de vie.

Phytothérapie

L'olivier est utilisé dans les cas d'hypertension, de diabète, d'artériosclérose et d'anémie.

Gemmothérapie

L'olivier est utilisé chez les personnes qui font de l'hypertension et qui ont une tendance à l'hyperglycémie (trop de sucre dans le sang), c'est donc un remède de fond pour les diabétiques. C'est bien entendu le remède de gemmothérapie pour la longévité : il aide les organes vieillissants et encrassés, surtout le cœur et les reins. Diurétique, il améliore aussi la circulation sanguine. Sur un plan émotionnel, il combat la nervosité et les obsessions.

Oranger (Citrus aurantium)

Il existe plusieurs variétés d'oranger, mais c'est de l'orange amère que l'on parle ici, dont le parfum calme les nerfs les plus coriaces. C'est un arbre dont les fruits symbolisent la fécondité : les jeunes mariés vietnamiens se voyaient autrefois offrir des oranges.

Comment le reconnaît-on ?

L'oranger a des rameaux épineux, des feuilles coriaces, persistantes, vert foncé et brillantes. En cas de doute, froissez une feuille dans vos mains, l'odeur dégagée est caractéristique de l'orange. Ses fleurs blanches au parfum suave cohabitent avec les fruits, ce qui n'est pas toujours le cas dans le monde végétal.

Où le trouve-t-on ?

Originaire d'Asie du Sud-Est, on le trouve de l'Inde au sud de la Chine, et en France métropolitaine sur la Côte d'Azur. Plus largement, il pousse dans les régions tropicales et subtropicales du monde.

Sylvothérapie

On ira au contact de l'oranger qui calmera les nerveux ou les insomniaques, réduira le stress et apaisera les angoisses.

Phytothérapie

Le fruit est digestif et le zeste ouvre l'appétit. En infusion, l'écorce lutte contre la fièvre, et est un tonique de l'estomac et de la digestion. On l'utilise contre la fragilité des capillaires, les petits vaisseaux sanguins, en prévention des ecchymoses. C'est un antispasmodique : l'orange calme les nerveux, les palpitations, l'aérophagie, l'agitation nocturne et les migraines nerveuses. Traditionnellement, c'est un remède contre l'acidité gastrique (faire infuser une cuillerée à café d'écorce dans de l'eau chaude).

Gemmothérapie

Il n'y a pas de remèdes à base de bourgeons connus à ce jour, et c'est bien dommage !

*Orme (*Ulmus campestris*)*

L'orme Saint-Gervais, à Paris, servait aux guérisseurs, qui la nuit arrachaient son écorce pour en faire des préparations médicinales. Au Moyen Âge, on lui attribuait des propriétés surnaturelles, et une légende plus ancienne encore dit que les ormes étaient plantés par les nymphes sur les tombes des héros.

Comment le reconnaît-on ?

L'orme a des feuilles ovales, dentelées, asymétriques à la base et nervurées. Les fleurs sont vertes et le fruit est entouré d'une aile membraneuse.

Où le trouve-t-on ?

Arbre des haies et des bois, on le trouve aussi le long des avenues en ville. Il pousse en Europe, en Asie tempérée et en Afrique du Nord.

Sylvothérapie

Approchez-vous d'un vieil orme si vous avez envie de rêver à des légendes fabuleuses, des histoires de sorcières et de guérisseurs, de nymphes et de héros.

Phytothérapie

L'orme sert beaucoup contre les problèmes de peau comme l'acné, l'eczéma et l'herpès. Au XVIIIe siècle, on l'utilisait contre l'inflammation des ganglions et les ulcérations rebelles. Son écorce est dépurative, sudorifique et diurétique. Il a également un effet thérapeutique sur les œdèmes généralisés et les rhumatismes.

Gemmothérapie

Les bourgeons de l'orme sont des draineurs doux ; une cure longue de deux ou trois mois est utile pour soulager les rhumatismes par élimination de l'acide urique. On note aussi un effet de ces bourgeons sur la réduction du cholestérol sanguin. Enfin, comme pour la phytothérapie, les bourgeons ont une action sur la peau, contre l'acné, l'eczéma et l'herpès.

Peuplier (Populus nigra)

Le peuplier est un arbre souple : il « peut plier » ! Dans la mythologie grecque, cet arbre est attribué à Héraclès, qui descendit aux Enfers avec une couronne de branches de peuplier. Les feuilles contre son front restèrent claires, celles qui étaient tournées vers l'extérieur noircirent. Cette légende, qui explique la double couleur des feuilles, symbolise également la dualité de l'être : une face lumineuse et une phase sombre cohabitent en chacun de nous.

Comment le reconnaît-on ?

Le peuplier a de larges feuilles quasi triangulaires. La résine des bourgeons est très odorante. Les chatons mâles sont de couleur rouge et les chatons femelles sont verts. Ils donnent des graines entourées d'un duvet à l'aspect cotonneux.

Où le trouve-t-on ?

Le peuplier aime les lieux humides comme les bords des rivières, les sols riches et aérés. Il pousse dans le centre et le sud de l'Europe, en Asie tempérée et en Afrique du Nord.

Sylvothérapie

Grand et fin, ses feuilles sont très mobiles au moindre souffle du vent : c'est un élément caractéristique intéressant à observer lors d'une séance avec un peuplier. Vous pouvez également vous inspirer de sa souplesse : lorsqu'un problème vous paraît sans issue ou qu'une situation vous semble bloquée, une séance près du peuplier vous permettra de vous imprégner de son agilité et de sa souplesse.

Phytothérapie

Le charbon végétal de peuplier est un assainissant du tube digestif. L'écorce des jeunes arbres est astringente, tonique et fébrifuge. Sous forme d'huile à utiliser en externe, c'est un cicatrisant, notamment des hémorroïdes, des craquelures des mamelons des femmes allaitantes et des crevasses. La composition de la résine est assimilable à celle de la propolis produite par les abeilles ; c'est un antibiotique avec une action sur les infections bactériennes et les mycoses.

Gemmothérapie

Les bourgeons de peuplier sont diurétiques et utilisés contre les rhumatismes. Ils aident à l'élimination de l'acide urique et autres problèmes de vessie. Sédatifs et toniques, ils luttent contre les douleurs des névralgies dues à un refroidissement, les courbatures à la suite d'un effort sportif. On leur prête des propriétés expectorantes et antiseptiques (toux et bronchites).

Pins

Il y a beaucoup de sortes de pins, mais leur caractéristique commune reste leurs belles et fines aiguilles. Le pin maritime, que l'on retrouve dans 10 % de nos surfaces boisées, perd ses branches du bas à mesure qu'il s'élance vers le ciel. C'est en s'approchant du pin pour le respirer que l'on peut le reconnaître : cette odeur fantastique de la résine qui s'écoule parfois du tronc et embaume l'air d'une forêt de pins. Voici quelques membres de cette grande famille que j'affectionne tout particulièrement.

*Pin cembro (*Pinus cembra*) ou pin des Alpes*

Le pin cembro est le roi des forêts des Alpes. Habitué à grandir dans des conditions climatiques rudes, il est très résistant. La stratégie mise en place par le pin cembro pour se reproduire est très futée : ses graines sont très lourdes, il ne peut donc pas compter sur le vent pour les disperser. C'est là que le casse-noix moucheté, un oiseau, intervient : comme son nom l'indique, il casse les cônes du pin cembro pour se nourrir et faire des réserves. Il ne mangera pas tout, oubliera certaines cachettes et les graines enfouies dans l'humus pourront germer au printemps suivant. C'est un bel exemple de mutualisme : chacun trouve son intérêt dans cette collaboration participative !

Comment le reconnaît-on ?

De la famille des conifères, c'est un copain du mélèze et du pin à crochets, à côté desquels il pousse volontiers. Comme ses amis, on le reconnaît à ses aiguilles, qui ont la particularité de se regrouper par cinq, et à ses cônes (pommes de pin), qui mesurent jusqu'à 8 cm et sont violacés et ovoïdes, aux écailles larges et arrondies. Ses rameaux portent avec fierté une belle couleur vert-bleu, été comme hiver. Ses chatons de couleur pourpre deviennent jaunes en grandissant.

Où le trouve-t-on ?

Le pin cembro pousse dans les Alpes centrales et intermédiaires, entre 1 400 et 2 500 mètres. Il croît plus volontiers à l'ombre, sur les versants frais et exposés au vent des montagnes. Il aime les sols frais, acides ou siliceux, pleins d'humus et pas trop compacts. Il arrive aussi à s'acclimater à des sols moins généreux, plus caillouteux.

Sylvothérapie

Au contact du pin cembro, notre cœur bat plus lentement et s'épargne en moyenne 3 500 battements, soit une heure de travail cardiaque par jour. Les bénéfices sont les suivants : le sommeil est plus serein, de meilleure qualité, on se sent plus en forme et plus détendu. Les bénéfices du contact avec le pin cembro ont été confirmés par la science[1]. Le pin cembro est tout indiqué pour les personnes ayant des problèmes de

1. Selon une étude de la société de recherche autrichienne du musée Joanneum de Graz et de l'*Human Resources Improvements* (Suisse).

sommeil. C'est aussi un expert dans la régénération des corps et des esprits usés par le stress. Les personnes ayant eu la chance de dormir dans une chambre meublée de pin cembro disent se sentir de meilleure humeur après, et avoir bénéficié d'un sommeil apaisé, reposant. C'est également un arbre de longévité : s'il lui faut plus de 30 ans pour atteindre 1,30 m de haut, il peut vivre jusqu'à 600 ans ! Il est utile lors de séances de sylvothérapie axées sur le passage du temps, notamment avec les personnes âgées.

Phytothérapie

On utilise principalement l'huile essentielle de pin cembro pour dégager les voies respiratoires et purifier l'air intérieur des maisons.

Gemmothérapie

Les bourgeons de pin sont bénéfiques aux personnes souffrant d'arthrose, car ils protègent les cartilages et sont reminéralisants.

Pin maritime (Pinus pinaster)

C'est le pin dont la résine servait à produire la térébenthine, à l'odeur si reconnaissable.

Comment le reconnaît-on ?

Les aiguilles du pin maritime se regroupent par paires, elles sont longues d'environ 20 cm et rigides, de couleur gris-vert lorsque l'arbre est jeune, puis vert foncé chez l'arbre adulte. Les cônes (pommes de pin) sont les plus gros de tous les pins. Au printemps, on peut voir les fleurs mâles et femelles (respectivement jaunes et rouges) se côtoyer sur l'arbre, sur des branches différentes. La cime du pin maritime est généralement peu fournie et la partie basse du tronc perd ses branches à mesure que l'arbre s'élance vers le ciel, comme pour le pin sylvestre. Quant à son écorce, elle va du gris clair chez le jeune arbre à un brun-rouge profond et profondément craquelé en grosses plaques avec le temps.

Où le trouve-t-on ?

Le pin maritime, quelle incroyable surprise, se retrouve principalement… sur le littoral méditerranéen et atlantique ! Sa présence couvre tout de même 10 % des surfaces boisées de métropole. Si le pin maritime s'accommode sans problème d'un sol assez pauvre en nutriments (il pousse par exemple dans le sable des Landes), il a en revanche besoin de soleil et d'humidité pour être à son aise. Il résiste bien aux épisodes de sécheresse.

Sylvothérapie

De la famille des conifères, il a de l'intérêt pour stimuler et dynamiser, redonner du tonus aux personnes énergiques, après une convalescence ou lors d'un épisode de fatigue.

Phytothérapie

L'huile essentielle de pin maritime dégage les voies respiratoires et fluidifie les sécrétions des bronches. Elle est également anti-infectieuse et stimulante.

Gemmothérapie

Le pin maritime est utilisé en gemmothérapie pour les coups de froid et comme stimulant des petits appétits. C'est un tonifiant pour les personnes convalescentes (rhumes).

Pin sylvestre (Pinus sylvestris)

Autrefois, en Allemagne, on fabriquait des matelas à partir de « laine des forêts », à base d'aiguilles, pour les personnes rhumatisantes. Dormir sur ce matelas devait réduire les douleurs, probablement grâce aux essences exhalées par les aiguilles du pin.

Comment le reconnaît-on ?

Ses aiguilles de 4 à 7 cm de long poussent par paires, elles sont de couleur bleu-vert et joliment argentées. Son écorce pourpre-gris se détache par plaques minces et le tronc perd ses branches basses au fur et à mesure des années. Les pommes de pin sont dressées, de couleur rouge en septembre puis brunes, et mesurent environ

3 cm de hauteur. Le pin sylvestre porte fleurs mâles et femelles sur les mêmes branches, elles sont simplement de couleurs différentes : les premières sont rouges et plus localisées à la base, les secondes sont jaunes et à l'extrémité des branches. Ses fruits ne poussent que tous les deux ou trois ans.

Où le trouve-t-on ?

Avec le pin d'Alep et le pin maritime, il couvre environ 20 % des forêts hexagonales, majoritairement dans les montagnes, notamment dans le sud du Massif central et des Alpes. En France, il pousse assez facilement, sauf dans le Sud-Ouest et sur le littoral méditerranéen. Il aime les sols de montagne, ou sablonneux, ou pleins de petits cailloux, à condition d'avoir assez de soleil. Comme il n'est pas très exigeant, on l'utilise pour reboiser facilement.

Sylvothérapie

Le pin sylvestre est indiqué lors de séances de sylvothérapie les jours d'hiver ensoleillés : le parfum de sa résine et des aiguilles aide à mieux respirer, à prévenir et à restaurer la santé du système respiratoire. C'est un arbre utile également si vous vous sentez fatigué après un rhume.

Phytothérapie

Le pin sylvestre est connu pour son huile essentielle qui couvre beaucoup d'indications thérapeutiques. Il est bien entendu un allié privilégié de la sphère ORL en cas de rhumes, bronchites ou sinusites, mais il est aussi utilisé contre les douleurs musculaires et inflammatoires de type lumbago, sciatique, arthrite ou rhumatismes.

C'est également une huile tonifiante dans les cas d'hypotension et de grande fatigue ou de dépression. Son effet tonifiant sur le système sanguin fait qu'on peut l'utiliser en cas de congestion de la prostate ou du bassin.

Enfin, on peut l'utiliser pour les problèmes de peau de type eczéma ou psoriasis, ainsi que dans les soins de beauté pour les peaux ternes.

Gemmothérapie

La première indication des bourgeons de ce pin est de contrer les maux de l'hiver : antiseptiques et expectorants, ils aident les voies respiratoires à se dégager lors de rhumes, rhinites et bronchites. Le macérat de bourgeons est également utile pour lutter contre les maux des cartilages comme l'arthrose ou l'ostéoporose et les rhumatismes inflammatoires. Son effet est régénérant et anti-inflammatoire.

Platane (Platanus x acerifolia)

Sur l'île de Kos en Grèce se trouve un platane remarquablement vieux et imposant, étayé de structures métalliques tant il peine à tenir debout. On le préserve, car l'histoire raconte que c'est Hippocrate, père de la médecine, qui l'avait fait planter afin d'enseigner sous son ombrage.

Comment le reconnaît-on ?

Arbre à croissance rapide, le platane peut vivre entre 500 et 2 000 ans. Il peut mesurer jusqu'à 45 mètres de haut et se reconnaît facilement grâce à son écorce qui se détache en écailles pour laisser apparaître des zones plus claires en dessous. C'est ce qui lui a valu une place de choix dans la mythologie grecque en tant qu'arbre de la régénération : l'écorce repousse telle la peau d'un serpent. Il a de grandes feuilles d'environ 20 centimètres, assez robustes et dentelées.

Où le trouve-t-on ?

C'est l'arbre du Sud, qui exhale une douce odeur d'été et de vacances sur les places des villages. Pour pousser, il a besoin d'un sol qui ne retient pas l'humidité et de beaucoup de soleil.

Sylvothérapie

Le platane est un arbre au processus d'éclosion du bourgeon très long et ses feuilles poussent lentement. Cette lenteur est garante de la grande puissance qu'il dégage tout au long de l'été. Touchez et observez son joli tronc multicolore dont l'écorce se détache par plaques.

Gemmothérapie

Les bourgeons de platane sont indiqués dans les problèmes de peau : il répare les peaux acnéiques, car il combat l'infection cutanée et aide à la cicatrisation. Son effet régénérant sera également utile en cas d'eczéma, de psoriasis, d'allergies cutanées et d'urticaire. C'est un draineur et un régénérant de la peau.

Pommier (Malus x communis)

C'est l'arbre fruitier le plus connu de l'histoire de l'humanité, puisqu'il se retrouve déjà… au paradis. La « pommade » s'appelle ainsi grâce au pommier : on faisait un mélange de jus de pomme et huile d'olive pour guérir les blessures.

Comment le reconnaît-on ?

Ses feuilles sont dentelées en scie, ses fleurs rose pâle ont une odeur délicate.

Où le trouve-t-on ?

Né en Asie occidentale, le pommier des jardins est un hybride de plusieurs espèces. Il aime les climats tempérés et les sols bien drainés.

Sylvothérapie

Le pommier était un symbole de sagesse, de calme, de force et de paix pour les druides.

Il a la force de porter de gros fruits très lourds sans flancher. C'est un arbre vif, apportant à la fois de l'équilibre et de la vitalité. Régénérant, on ira à son contact pour retrouver son énergie et faire une cure de jouvence.

Phytothérapie

« Une pomme par jour éloigne le médecin pour toujours. » Cette petite phrase célèbre se vérifie lorsque l'on passe en revue les bénéfices attribués au pommier et à ses fruits : antirhumatismal, diurétique, stimulant les sucs digestifs et la sécrétion de salive pour aider à digérer, régulant des fonctions intestinales, notamment comme déconstipant, et absorbant des toxines intestinales. La pomme contient de la cellulose, laxative douce et non irritante pour les intestins. Râpée et mélangée à de la carotte, elle est utilisée en traitement des diarrhées des enfants. On en prend pour lutter contre l'hypertension artérielle, en préventif ou en curatif. La pectine peut faire baisser le cholestérol sanguin et manger des pommes préviendrait de l'artériosclérose. On dit également que manger des pommes facilite le sommeil : une pomme avant de dormir calmerait les personnes anxieuses.

Gemmothérapie

Les bourgeons de pommier accélèrent la circulation et l'oxygénation du cerveau. C'est une aide utile pour les personnes âgées, les étudiants et les actifs. Ils agissent sur la diminution du cholestérol, drainent les rhumatismes dus à l'âge et à l'acidité. Les bourgeons de pomme sont un régulateur de la tension, apaisant les bouffées de chaleur de la ménopause et luttant contre la fatigue sexuelle et la frigidité.

Sapin (Abies)

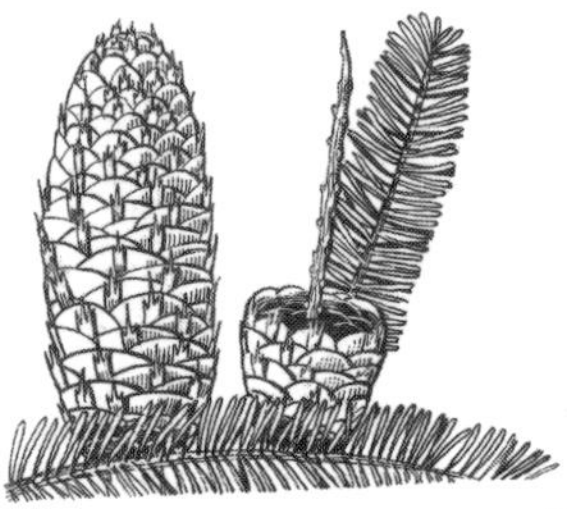

Tout le monde le connaît, c'est le roi de la forêt ! Le sapin se dit en latin *abies*, verbe signifiant « disparaître de la vue ». En effet, sa grandeur fait disparaître sa cime jusque dans les nuages. Les Celtes considèrent que le sapin est le symbole du triomphe des forces de la lumière sur les ténèbres, il incarne l'espoir du renouveau.

Comment le reconnaît-on ?

La cime des sapins monte si haut qu'elle disparaît parfois dans le ciel : il peut atteindre jusqu'à 30 mètres de hauteur. 500 ans de longévité, une résistance à des températures pouvant aller jusqu'à moins 40 °C, c'est une force de la nature. Les aiguilles vertes et brillantes sont disposées en peigne de part et d'autre des branches.

Où le trouve-t-on ?

Principalement dans les forêts de montagne, le sapin s'adapte aussi à des températures moins extrêmes, car il pousse dans à peu près n'importe quel sol. Il couvre 4 % des forêts françaises. L'ombre et l'humidité ne le dérangent pas, il a même besoin de commencer sa croissance dans un lieu ombragé.

Sylvothérapie

Ses résines et huiles essentielles font le goût suave et prononcé qu'il laisse longtemps en bouche, et l'odeur résineuse de ce conifère est puissante. C'est un acteur majeur des exercices de sylvothérapie que je vous détaillerai bientôt. Il est tonifiant et énergisant, même en hiver.

C'est l'arbre des explorateurs, son essence ayant longtemps été privilégiée pour construire des navires à l'époque de Christophe Colomb, car les pièces faites en bois de sapin étaient à la fois souples et résistantes.

Gemmothérapie

Les bourgeons de sapin sont à la fois des régénérants majeurs de l'os, mais aussi indispensables pour les maux de l'hiver (mal de gorge et toux). On utilise le sapin en gemmothérapie pour tous les cas de déminéralisation : ostéoporose, fracture du col du fémur chez les personnes âgées, caries et croissance de l'enfant.

Saule (Salix)

Dans la mythologie grecque, le saule est dédié à Hécate, déesse de la Lune et des Enfers. Le petit Zeus dormait dans son berceau sous la protection de sa nourrice Itéa, qui signifie « saule ».

Comment le reconnaît-on ?

Le saule pleureur est le plus connu de tous : ses branches retombent vers le bas comme une grande chevelure. Il peut mesurer jusqu'à 20 mètres de haut. Le saule a de fines feuilles élancées, d'un délicat vert clair. Au printemps, les chatons mâles, jaunes, poussent directement sur le bois. Les chatons femelles sont plus petits et verts. En hiver, le tronc se couvre d'une substance blanche, la cire, destinée à protéger l'arbre du froid.

Où le trouve-t-on ?

Le saule aime les sols frais et humides, c'est pour cela qu'on le trouve fréquemment près des points d'eau : rivières, lacs… Il aime les régions où les saisons sont très marquées : hivers très froids et étés chauds.

Sylvothérapie

Le saule est naturellement le médecin de la forêt : son écorce contient de l'acide salicylique, comme l'aspirine. Tournez-vous vers lui quels que soient vos problèmes physiques pour qu'il vous inspire la force de guérir.

Gemmothérapie

Le saule est utilisé en traitement de fond de tous les problèmes veineux : jambes lourdes, hémorroïdes, œdèmes et rétention d'eau.

Sorbier (Sorbus aucuparia)

Une croyance populaire dit que le sorbier protège des mauvaises ondes, des sortilèges et de la foudre. C'est un arbre considéré comme magique dans de nombreuses cultures, notamment chez les Celtes.

Comment le reconnaît-on ?

Ses feuilles sont composées de folioles finement dentelées et de petites fleurs blanches. Ses fruits, les sorbes, sont d'un rouge éclatant.

Où le trouve-t-on ?

Souvent en montagne, en Europe et au nord de l'Asie. C'est un arbre ornemental.

Sylvothérapie

Le sorbier est un arbre majestueux, à la sublime couleur rouge orangé en automne et aux fruits généreux avec les oiseaux : il les nourrit lorsque la neige recouvre tout, car c'est le seul arbre qui garde ses fruits. Il nous enseigne à rester vivants et généreux malgré la rudesse des épreuves (hiver et neige). C'est un arbre de vie, de connaissance, un arbre des dieux donneurs de vie, des sorciers, sacré pour les peuples nordiques, celtes et germains.

Phytothérapie

C'est un astringent utilisé contre les diarrhées et les dysenteries chroniques. Ses baies, riches en vitamine C, étaient utilisées comme un antiscorbut. Elles sont également diurétiques.

Gemmothérapie

C'est l'autre sorbier, dit *Sorbus domestiqua*, qui est utilisé en gemmothérapie ; c'est un tonique général qui a également la propriété de fluidifier le sang.

Tilleul (Tillia)

Le tilleul est un arbre symbole d'amitié, de fidélité et d'amour conjugal. Peut-être est-ce grâce à ses feuilles en forme de cœur ?

Comment le reconnaît-on ?

Ses feuilles sont vertes et un peu velues sur le dessus, et d'un joli vert clair en dessous. Il peut mesurer de 20 à 40 mètres de hauteur et son tronc assez fin fait environ 50 cm de diamètre à taille adulte. Son écorce gris foncé prend des rides avec l'âge – le tilleul peut vivre jusqu'à plus de 500 ans. On apprécie le parfum des petites fleurs jaunes qui pendent des bractées (parties intermédiaires entre la feuille et la fleur) vert pâle – ce ne sont pas les feuilles, mais bien une partie des fleurs.

Où le trouve-t-on ?

Le tilleul aime un peu d'ombre, des étés chauds et des hivers pas trop froids, avec un peu d'humidité. On peut le trouver en montagne jusqu'à 1 500 mètres d'altitude.

Sylvothérapie

Arbre de la longévité comme l'olivier, le tilleul est aussi l'arbre du sommeil retrouvé et apaisé. Se tourner vers un tilleul est une bonne idée lorsque l'on souffre d'insomnies au milieu de la nuit, d'angoisses nocturnes ou de difficultés à l'endormissement. C'est un arbre réconfortant, apaisant, qui le rend tout indiqué chez les enfants hyperactifs.

Phytothérapie

L'infusion de la fleur de tilleul est un remède majeur de l'insomnie, ponctuelle ou chronique, et du stress.

Gemmothérapie

Les bourgeons de tilleul sont utilisés en gemmothérapie pour lutter contre tous les états liés à l'anxiété et au stress. C'est un remède particulièrement indiqué pour améliorer le sommeil et l'endormissement chez les insomniaques, il diminue les angoisses nocturnes. On peut l'utiliser aussi chez les enfants qui ne trouvent pas le sommeil et font des cauchemars.

C'est le moment de chausser vos plus belles baskets et d'aller respirer l'air pur ! Venez vivre « en vrai » l'expérience de cette rencontre magique, je vous emmène dans les forêts de France et de Navarre pour mettre vos sens en éveil !

« Que le rythme profond des forêts nous enlève.
Que toute essence nous accueille,
Que notre cœur batte selon les sèves,
Que notre âme se fonde en l'océan des feuilles. »

Adolphe Retté

Partie 2

Concrètement, comment prendre un bain de forêt ?

Chapitre 1

Découvrir la forêt

C'est le moment de passer de la théorie à la pratique ! Nous allons commencer par des exercices d'approche et de familiarisation et, dans la partie suivante, nous découvrirons des parcours plus spécialisés.

Forêts primaires

Le bain de forêt ne se fait pas n'importe où. Ma préférence naturelle me pousse à vous orienter vers ce qui est le plus proche possible des « forêts primaires », lieux préservés et peu modifiés par l'homme. Il ne reste qu'une seule vraie forêt primaire en Europe, la forêt de Białowieża, en Pologne. Les 140 000 hectares de cette réserve exceptionnelle, où vivent entre autres des bisons et des lynx, sont protégés par la Commission européenne. C'est vrai, ce n'est pas la porte à côté pour une sortie de sylvothérapie dominicale ! Heureusement, il existe près de chez chacun d'entre nous de nombreuses forêts préservées, ayant conservé leur caractère originel. Pour les trouver, vous pouvez vous rendre sur le site de l'Inventaire national du patrimoine naturel[1]. En indiquant simplement

1. Rendez-vous sur le site www.inpn.mnhn.fr et utilisez la barre de recherche pour trouver la forêt la plus proche de chez vous !

le nom de votre région, vous accéderez gratuitement aux cartes IGN disponibles en ligne. Parmi ces lieux, certains sont des réserves biologiques intégrales (on en trouve sur tout le territoire) : il n'y a eu aucune exploitation de la forêt depuis cinquante ans au minimum, la forêt évolue naturellement, avec une intervention humaine limitée à la sécurisation des sentiers. Par exemple, si vous habitez en Rhône-Alpes, visitez la forêt de l'Aulp-du-Seuil ou celle de la Grande-Chartreuse ; si vous habitez sur l'île de la Réunion, la forêt du Grand-Matarum et la forêt de la Mare-à-Joseph à Cilaos : ce sont des réserves biologiques intégrales.

Préserver les forêts primaires

Les forêts primaires sauvages ont plusieurs millénaires d'existence. Un équilibre fragile leur a permis d'arriver jusqu'à nous et il faut protéger cette stabilité précaire. Le moindre changement dans ces réserves de biosphères menace l'ensemble de l'écosystème. Lors de vos sorties, respectez les indications mises à votre disposition pour préserver cette belle harmonie.

Forêts lointaines et forêts proches

Sachez qu'il y a une forêt à moins de 30 km de chez vous ! L'Office national des forêts (ONF) estime que 75 % de la population française vit à moins d'une demi-heure de trajet d'une forêt.

La France métropolitaine compte plus de 309 régions forestières différentes : cette incroyable diversité est classifiée selon la structure du sol, le relief et le type de climat. Les forêts de plaine ont une végétation bien différente des forêts de montagne ; l'est de la France (des Ardennes au Jura) est bien plus boisé que l'ouest (Aquitaine, bocage normand ou breton, Pays de la Loire).

Ces endroits, que l'on nomme « biotopes », sont des lieux favorables à la vie des arbres qui y poussent : en plaine et sur les collines, on trouve 70 % de feuillus, dans la moitié sud du pays, les feuillus et les résineux s'équilibrent, en montagne, les résineux dominent. La merveilleuse diversité du territoire français fait que l'on trouve des forêts de montagne, de plaine ou de colline selon des combinaisons multiples. Les forêts françaises sont toutes différentes les unes des autres : leurs caractéristiques dépendent du climat, du relief, de la végétation et de la façon dont l'activité humaine en modifie l'aspect.

Et il y en a forcément une à côté de chez vous !

Il est réjouissant de voir que la forêt métropolitaine gagne du terrain ; sa surface a plus que doublé en deux siècles. Ce grand changement est induit par plusieurs facteurs : d'abord, le visage de l'agriculture française a changé pour un mode de production plus intensif (donc, par opposition à la culture extensive, cela prend moins de place), et puis les acteurs de la préservation des forêts y mettent davantage de bonne volonté. On remarque par ailleurs que cette extension des zones boisées concerne bien plus les campagnes que les villes.

Pour les territoires d'outre-mer, on dénombre pas moins de 7,5 millions d'hectares cumulés de zones forestières, comprenant des mangroves (Guadeloupe), des forêts tropicales (La Réunion, la Nouvelle-Calédonie, Guadeloupe et Guyane), et la seule forêt boréale française (composée uniquement de conifères comme le sapin, le mélèze, l'épicéa et le pin) se trouve à Saint-Pierre-et-Miquelon et couvre pas moins de 12 % du territoire. À La Réunion, la forêt tropicale abrite des espèces végétales qui sont spécifiques au lieu, on parle alors d'espèces endémiques. On compte pas moins de 40 espèces d'arbres par hectare, alors que les forêts tempérées abritent rarement plus de 5 espèces différentes. Sur les îles, les échanges géographiques sont limités, ainsi que l'espace et les ressources.

En Belgique, la fameuse forêt de Hal est très intéressante à découvrir pour son éclosion incroyable de jacinthes au printemps.

La répartition des essences dans les forêts françaises

Les arbres à feuilles (majoritairement caduques, c'est-à-dire qui tombent en hiver) représentent les deux tiers des forêts métropolitaines, le tiers restant étant composé d'épineux (source : ONF). La répartition des arbres dépend du climat, de la sécheresse et de la pluviométrie. Vous trouverez plus facilement un pin d'Alep dans une région chaude et sèche, proche de la Méditerranée, qu'à Strasbourg !

Forêts de contes de fées

Tour à tour terrifiante et protectrice, la forêt tient une place centrale dans les contes de notre enfance. On s'y débarrasse de ses enfants comme dans le *Petit Poucet*, on s'y réfugie (*Peau d'Âne*), on s'y cache (*Blanche-Neige*), et c'est dans la forêt, à l'abri du reste du monde, que les personnages des contes de fées se transforment ou réalisent leur chemin de vie. Tel un ventre maternel, la forêt est, dans ces récits, propice à une renaissance du personnage sous forme de héros. Elle est aussi un lieu de dangers, de ronces et de génies malfaisants, symbolisant les difficultés de la vie qu'il faut surmonter pour s'accomplir.

L'ombrage de la forêt peut à plus d'un titre symboliser le retour à son intériorité, ce lieu au plus profond de soi où l'on peut calmement et à l'abri de l'agitation du monde contempler son être en totalité, accueillir ses propres zones d'ombre pour mieux percevoir sa lumière.

Maintenant que vous savez où se trouvent les arbres près de chez vous, vous avez probablement choisi la destination de votre prochain bain de forêt.

Le bain de forêt se fait progressivement en commençant par un éveil sensoriel, avant d'aller au contact des arbres. Imaginez que vous êtes invité à une soirée où vous ne connaissez personne. Est-ce qu'en entrant dans la pièce, vous vous dirigerez vers chacun des participants pour les enlacer longuement ? Probablement pas. Eh bien c'est exactement pareil avec le bain de forêt : une approche progressive et respectueuse est essentielle.

Chapitre 2

L'éveil des cinq sens

Le bain de forêt et la rencontre avec les arbres sont l'occasion de se souvenir de toutes nos capacités sensorielles. Un bain de forêt stimule tous les sens et il est passionnant de les redécouvrir un à un. Chacun de nous est différent, l'éveil d'un sens plutôt qu'un autre est très personnel : certains sont plus sensibles aux odeurs de l'humus, d'autres sont transportés par la vue des cimes ondulant sous le vent. Il est intéressant de prendre conscience de tous nos sens pour savoir lequel nous fait le plus de bien. Cela participe à la connexion avec l'arbre et la forêt : lorsqu'un sens est en éveil, nous sommes plus sensibles et conscients de l'environnement qui nous entoure et on se rend alors compte que l'arbre est un être vivant comme nous.

Regarder vivre la forêt

Nos yeux sont constamment sollicités sans même que nous nous en apercevions. Quels changements un environnement de verdure peut-il bien apporter à nos précieuses fenêtres de l'âme ? Le Pr Yoshifumi Miyazaki, médecin chercheur à l'université de Chiba, s'est intéressé à cette question. Afin d'y répondre, il a posé des capteurs pour mesurer l'activité du cerveau préfrontal, cette aire du cerveau que l'on mobilise en cas de stress[1]. Les sujets de son étude ont passé une minute trente face à une image de forêt. En moins de deux minutes, la personne qui se prête à l'expérience est détendue. Eh oui, le simple fait de regarder la forêt détend le cerveau !

Exercices pratiques

Essayez de faire une lecture du paysage : quelles sont les essences qui peuplent cette forêt ? En quelle saison sommes-nous ? L'automne colore la forêt d'une palette allant du rouge au jaune d'or, alors qu'au printemps le vert tendre des feuillus tranche avec le vert sombre des sapins.

Ensuite, apprenez à reconnaître un arbre à sa forme : est-il plutôt rond ou conique ?

Puis entrez dans les détails : les feuilles, les fruits… Pour différencier un sapin d'un épicéa (ils se ressemblent beaucoup), par exemple, vous verrez que les sapins ont des cônes qui poussent vers le ciel alors que, sur l'épicéa, les cônes poussent vers le sol.

Enfin, observez l'aspect du tronc de l'arbre : a-t-il des lichens colorés, des mousses qui poussent ? Elles sont probablement localisées sur une seule face du tronc, du côté le plus humide, exposé régulièrement à la pluie. Y a-t-il des champignons sur ce tronc ? Regardez sous les aiguilles de sapin : il y a deux petits rails… Ce sont les pistes de ski de fond des lutins, paraît-il ! Visualisez le ballet des casse-noix mouchetés dans les pins cembro : c'est un va-et-vient permanent entre les arbres. La sittelle torchepot est un char-

---

1. « Physiological and psychological effects of viewing forest landscapes in a seated position in one-day forest therapy experimental model. » Ikei H, Song C, Kagawa T, Miyazaki Y.

mant petit oiseau bleu et orangé, avec les yeux maquillés. Vous la verrez peut-être marcher à la verticale des troncs…

Écouter la forêt chanter

Ne pensez pas que la forêt est silencieuse ! Cependant, arriver en forêt, c'est entrer dans un milieu où aucun bruit n'est agressif, où l'on a cette apaisante impression de silence. Tendez l'oreille : êtes-vous bien sûr de n'entendre aucun bruit ? Les multiples sons de la forêt témoignent de sa vie intense.

Exercices pratiques

Asseyez-vous dos à un arbre, allongez-vous à côté de lui, posez votre front contre le tronc et fermez les yeux. En été, vous entendrez les abeilles, les oiseaux (les pics qui tapent dans les arbres, par exemple), le vent dans les branches et les feuilles.

En automne, même pendant la journée, vous pourrez entendre le brame du cerf, les campagnols qui cavalent dans les feuilles mortes et les font bruisser. Et les glands qui tombent au sol, les entendez-vous ? Y a-t-il une rivière à proximité ? Le son de l'eau qui coule des ruisseaux, entraînant des cailloux dans le courant, les arbres qui s'entrechoquent ou qui grincent s'il y a du vent.

En hiver, le doux tapis de neige fraîche atténue les sons et rend l'atmosphère cotonneuse et presque mystique.

Toucher du bois

Ce n'est pas une simple croyance populaire, toucher du bois est bon pour la santé mentale ! Les chercheurs, qui décidément ne manquent pas d'idées, ont effectué en 2017 un test en laboratoire : les yeux fermés, les sujets devaient toucher du bois (du chêne blanc) et d'autres matières comme le marbre ou l'acier pendant 90 secondes, et l'on enregistrait l'activité de leur cortex préfrontal et leur rythme cardiaque[2]. L'activité parasympathique, significative d'un état de détente des sujets, était augmentée significativement au contact du bois. La sylvothérapie n'a pas attendu ces études scientifiques pour expérimenter le bonheur de sentir l'écorce sous la pulpe des doigts…

Exercices pratiques

Il y a tellement de choses à toucher : l'écorce rugueuse, les amadouviers, ces champignons qui poussent sur l'arbre, très doux, les feuilles et leurs formes rondes ou dentelées, les aiguilles plus ou moins piquantes des pins… Comparez les différents touchers entre une écorce de mélèze rugueuse et pleine de crevasses et un jeune bouleau doux comme de la soie, dont l'écorce tellement fine et délicate se détache en légers copeaux de papier. Les mousses et lichens enchevêtrés, les roches polies ou aux arêtes saillantes, les feuilles tantôt lisses et brillantes, tantôt poilues et veloutées… Laissez vos mains explorer avec curiosité toutes ces textures si riches.

Amusez-vous à distinguer une feuille de charme d'une feuille de hêtre : fermez les yeux et sentez les dents de l'une et de l'autre. Vous pourrez ouvrir les yeux ensuite pour confirmer la présence de petits poils. Comparez la douceur d'une châtaigne, si lisse, avec les piquants de sa bogue ou,

2. *Int J Environ Res Public Health.* 2017 Jul 18 ; « Physiological Effects of Touching Wood » Ikei H, Song C, Miyazaki Y.

encore, expérimentez la visquosité de la sève d'un conifère, qui vous laissera un film collant et parfumé sur les mains.

Ne vous arrêtez pas au contact avec les mains, vos pieds aussi peuvent se prêter au jeu, si le temps le permet. Déchaussez-vous pour sentir avec votre voûte plantaire l'humidité sous les feuilles, les mousses moelleuses et les lichens mêlés. Pieds nus, vous sentirez les racines de l'arbre contre lequel vous méditez avec une acuité nouvelle.

Respirer les odeurs des saisons

Un test mené par le Pr Yoshifumi Miyazaki montre l'importance de ce sens qu'est l'odorat : il a fait sentir à ses « cobayes » humains, en laboratoire, des feuilles d'arbre écrasées[3]. S'en est suivie une chute de l'activité du cortex préfrontal, zone du cerveau activée en cas de stress ponctuel ou chronique. Cela signifie que fermer les yeux et respirer les odeurs de la forêt diminuent instantanément le stress !

L'hiver, les odeurs sont neutralisées par le froid, mais quand le printemps arrive, l'odeur de la terre merveilleuse refait surface.

L'été, la pluie après un temps chaud révèle de nombreuses odeurs délicates d'humus.

À l'automne, ce sont les feuilles mortes qui exhalent de délicieux parfums, en synergie avec les champignons et la terre humide.

---

3. *Physiological effect of olfactory stimulation by Hinoki cypress (Chamaecyparis obtusa) leaf oil*, Ikei H, Song C, Miyazaki Y.

Quand le temps automnal a été beau et chaud, la feuille sèche exhale encore un autre parfum, apprenez à faire la différence. Les conifères, dont la sève coule sur les troncs, exhalent des odeurs fortes, expectorantes et antiseptiques qui vont faciliter la respiration en entrant dans les bronches. Dans une forêt de conifères pendant les fortes chaleurs de l'été, la résine embaume toute la forêt. Dans l'air chaud ambiant, le soleil exhale un parfum qui détend.

Exercices pratiques

Lors d'un bain de forêt, on ne reste pas tout le temps collé aux arbres, et se déplacer librement dans la forêt est l'occasion de découvrir mille senteurs toutes plus intéressantes les unes que les autres. N'hésitez pas à renifler les mousses, les feuilles mortes au ras du sol, les champignons et la terre.

Installez-vous confortablement dans un endroit plaisant, au calme, et respirez à pleins poumons pour essayer d'identifier les odeurs qui arrivent jusqu'à vous. Est-ce que ce sont des odeurs que vous aviez déjà identifiées ? Y a-t-il des odeurs inhabituelles (par exemple les odeurs que laissent les cervidés en période de brame, musquées et fortes) ou au contraire des odeurs familières (la puissante résine du sapin, le doux parfum d'un champignon) ?

Goûter la forêt

Sans mâchonner tout ce qui passe à votre portée, vous aurez la possibilité de goûter des éléments bien identifiés comme comestibles (dans le doute, on évitera toujours de goûter des champignons si l'on n'a pas l'expertise nécessaire pour bien les différencier !). Si le goût n'est pas le premier sens auquel on pense, la diversité est incroyable : faines, noisettes, mûres, cynorrhodons (plus riches en vitamine C que le citron). C'est le fruit de l'églantier, et on peut le manger à l'automne, sans les poils ni les graines !

Les baies de l'argousier, dont la teneur en vitamine C est quant à elle cinq fois supérieure au kiwi, se ramassent dans les lieux éloignés des routes – les fruits des arbres au bord des routes sont pollués par les métaux lourds.

D'autres merveilles vous attendent : les baies de genévrier, les aiguilles de sapin, les sources d'eau pure au goût cristallin, les fleurs de tilleul que l'on ramasse vers les mois de mai-juin (en fonction de la localisation et de l'avancée de la fleur). Vous pouvez d'ailleurs tout à fait emporter dans votre sac une petite Thermos d'eau chaude pour faire infuser de la fleur de tilleul ou des aiguilles de sapin et profiter d'une infusion 100 % nature !

Exercices pratiques

Beaucoup de choses se goûtent en forêt !

Sans essayer de mâcher pour avaler comme nous le faisons machinalement, poser une aiguille de sapin sur sa langue et la mâchonner légèrement suffisent à se recentrer sur ses sensations gustatives pendant une heure au minimum, tant le parfum dégagé par cet arbre est puissant et durable ! Se contenter de mastiquer, puis recracher l'aiguille lorsqu'elle prend un goût âpre et désagréable, est une expérience déjà très riche !

La fatigue qui suit les bains de forêt

Après certains exercices pratiqués avec les arbres, il peut arriver que vous vous sentiez fatigué. C'est un échange d'énergie difficilement mesurable ou quantifiable, mais c'est un constat que j'ai pu faire avec les groupes que j'accompagne. C'est certainement dû au lâcher-prise et à la détente que l'arbre facilite, à la pleine conscience qui accompagne l'exercice et/ou à la respiration. Le cerveau est vigoureusement oxygéné pendant les exercices de respiration ! Si vous ressentez cette fatigue, il est important que vous vous reposiez, que vous vous asseyiez. Reprenez vos esprits calmement et rentrez au gîte à votre rythme. Vous relâchez la pression, c'est le signe que vous décompressez d'une grande tension !

Chapitre 3

Les bons choix

Le choix de l'arbre

Pour trouver notre arbre, il est important d'envisager d'entrer en lien avec lui avant de rechercher les bénéfices ou l'énergie qu'il peut partager avec nous. Après tout, c'est un être vivant, qui n'a peut-être pas envie que l'on vienne le toucher ou communiquer avec lui !

Prenez le temps d'être respectueux et à l'écoute de cette vie que vous approchez, exactement comme vous le feriez avec l'un de vos ancêtres, si plein de vécu et de sagesse, ou avec un nouveau-né, fragile et plein de vie… ou encore en amour… L'empathie dont vous ferez preuve sera garante de la qualité de votre échange avec l'arbre qui vous attire.

Imaginez tout ce qu'il a déjà traversé : les rudes hivers sous l'épais manteau neigeux, les étés caniculaires, le manque d'eau, les vents violents pouvant dépasser les 130 km/h, l'attaque des insectes, des champignons, des petits animaux… Mais aussi les innombrables printemps, le retour de ce doux soleil qui caresse les jeunes pousses d'un vert encore tendre. Pensez à la formidable puissance de la montée de sève, cette croissance qui l'attire toujours plus vers le haut, du tronc qui s'étoffe en largeur et en solidité.

Mettez-vous à sa place, sentez les feuilles vibrer dans la brise du matin, les branches qui s'étirent dans le ciel.

Visualisez les racines, bien ancrées dans le sol, composées de grandes veines solides, d'une multitude de radicelles si fines et pourtant indispensables à sa stabilité.

L'arbre qui vous attire n'est pas forcément le chêne millénaire le plus remarquable des environs. Ces arbres remarquables sont certes plus faciles à repérer en raison de leur taille, mais ils ne sont peut-être pas adaptés à vos besoins du moment, surtout si vous êtes débutant en bains de forêt.

Prenez votre temps. Il faut parfois plusieurs séances pour que la symbiose fonctionne et que l'on puisse en ressentir les bienfaits. Penser à ce que traverse l'arbre nous met dans un état particulier d'empathie, d'ouverture, nous détourne de nos problèmes pour ouvrir d'autres perspectives. Le temps d'un arbre est différent du temps humain. Des oliviers millénaires existent.

À terme, et en fonction de la relation que vous aurez nouée avec l'arbre, vous pourrez lui confier vos petits et grands problèmes, il en a vu d'autres !

De l'importance de la saison

Ce que l'on ressent est différent en fonction des saisons. Les bains de forêt sont une activité plus agréable à pratiquer au printemps, en été ou à l'automne. L'hiver y est moins propice, souvent à cause des conditions météo : les effets sont moins bénéfiques quand on a froid ou que l'on est sous la pluie... Faites vos premières séances au doux soleil du printemps, lorsque l'éveil de la forêt est à son maximum.

Arbres calmants vs *arbres tonifiants*

Afin de choisir au mieux l'arbre qui vous aidera, définissez au préalable votre état. En effet, vous ne choisirez pas la même espèce si vous êtes épuisé, au bord du burn-out ou complètement survolté !

En cas de fatigue intense, si par exemple vous êtes fatigué dès le matin au réveil, que vous éprouvez un sentiment de vide, d'abattement, voire d'anéantissement ou de lassitude, tournez-vous vers des arbres tonifiants, principalement des conifères, qui stimuleront votre dynamisme, comme le sapin, l'épicéa, le pin maritime, le pin cembro ou le pin méditerranéen.

Si vous êtes totalement frénétique, que vous dormez mal, que vous vous réveillez trop tôt sans réussir à vous rendormir, que vos pensées s'affolent en permanence comme un hamster qui cavale dans sa roue, que vous répondez au téléphone en déjeunant tout en tapant un rapport sur votre clavier et que votre cerveau ne se met jamais sur « pause », allez à la rencontre du hêtre, du bouleau, du tremble, de l'alisier, du peuplier blanc et du mélèze.

Et si vous vous sentez trop perdu pour savoir ce dont vous avez vraiment besoin (ça arrive aussi, parfois !), allez en forêt et tournez-vous vers l'immense chêne majestueux, son cousin le puissant hêtre ou son proche parent le viril et généreux châtaignier. Ces arbres vigoureusement ancrés peuvent vous rendre le centrage qui vous manque et vous aider à remettre vos idées en place.

Le choix du lieu et du moment

Les différents types d'exercices en fonction du site

Si vous allez vous promener dans les grandes forêts tempérées de plaine, vous irez au contact d'arbres paisibles, ayant eu une croissance facile dans un milieu plutôt favorable : des sols riches, des conditions climatiques tempérées et peu de vents violents. J'ai tendance à penser que les arbres les plus puissants en sylvothérapie sont ceux qui ont une histoire, un vécu. Les conifères des montagnes ont vécu de rudes étés et de rigoureux hivers, ils sont parfois tordus par les épreuves, mais toujours là et puissants. Une jeune femme venue faire une expérience de sylvothérapie me confiait avec humour qu'après sa prise de contact avec un sapin, elle avait envie de courir et de sauter dans tous les sens. L'effet dynamisant était presque trop intense pour elle ! N'hésitez pas à varier les lieux de vos sorties en fonction de vos besoins ou de votre humeur : comparez les bénéfices d'une sortie en forêt de plaine où poussent les chênes centenaires avec une sortie en montagne au milieu des sapins. Ce sont des expériences très différentes !

Les 4 préalables à sa rencontre avec les arbres

- Choisir un lieu préservé, sans pollution sonore, visuelle et olfactive. Non, on ne choisit pas un pauvre ficus desséché au bord de l'autoroute ; à moins d'avoir déjà une connexion très forte aux arbres, il est plus compliqué de profiter des bienfaits de l'arbre dans ce type d'environnement.

- Éteindre son portable.
- Être disponible sur une période minimale de deux heures.
- Bien se couvrir en fonction de la météo pour ne pas avoir trop froid ou trop chaud.

Au fil des saisons

Le printemps

C'est définitivement la saison la plus propice à la découverte des arbres et de la sylvothérapie. Les arbres renaissent, l'activité est extrêmement forte, les bourgeons pointent le bout de leur nez et se gonflent de sève. Avec force, cette sève circule entre les racines et les branches, la chaleur du soleil devient de plus en plus présente, le bain de forêt est alors adapté aussi bien auprès des feuillus que des conifères.

Pour l'humain, c'est le moment d'éliminer les toxines de l'hiver, l'accumulation de fromages fondus et de repas copieux, en prenant les premiers rayons du soleil. Ces sensations agréables se prêtent à merveille à l'exercice de sylvothérapie. Les premières petites fleurs rouges apparaissent sur les noisetiers avant même la venue des feuilles, spectacle merveilleux pour l'observateur attentif que vous devenez. Cet extraordinaire renouveau s'empare de la nature, les animaux sortent de leur hibernation, les oiseaux paradent, les jeunes feuilles d'un vert tendre se déplient à toute vitesse pour se gorger de lumière… Toute cette activité intense traversera le promeneur curieux pour lui redonner du dynamisme.

L'été

Les longues et chaudes journées font de l'été la seule saison où vous n'aurez pas froid en forêt. C'est la saison idéale pour éveiller votre sens du toucher en vous mettant pieds nus.

L'arbre est en pleine puissance ; c'est la période où l'évapotranspiration (lorsque l'évaporation de l'eau par les feuilles tire la sève depuis les racines vers le haut de l'arbre) est la plus forte. C'est aussi le moment de la fructification : les fleurs se sont transformées en fruits, bientôt à maturité. Vous pourrez ressentir cette abondance et cette générosité en regardant partout autour de vous.

La chaleur exhale les parfums des arbres comme aucune autre saison ne le fait. Respirez à pleins poumons cet air chargé de phytoncides, ces molécules volatiles d'huiles sécrétées par les arbres. Les phytoncides sont aussi ces substances qui nous font pleurer quand on coupe un oignon. Mais pas de risques en forêt : alpha-pinène et limonène sont des molécules que l'on retrouve en concentré dans les huiles essentielles et qui sont ici naturellement présentes, sans avoir besoin de massacrer un arbre pour cela !

L'automne

C'est le bouquet final du feu d'artifice des saisons ! Couleurs, saveurs et senteurs sont à leur paroxysme. C'est la saison des récoltes généreuses. Chaque petit animal fait ses réserves pour passer l'hiver : glands, pignons de pin, noix, noisettes, châtaignes, amandes ou pommes.

Le mouvement accompagne cette saison, c'est une symphonie de feuilles qui tombent, de vent dans les branches, de couleurs chatoyantes. Prenez le temps d'observer les incroyables dégradés de la forêt : rouge vif, jaune d'or et brun chaud sont autant de couleurs dont les longueurs d'onde sont bénéfiques au moral. Ce sont vos dernières séances de sylvothérapie avec les arbres à feuilles, car la concentration lors des exercices diminue, la sève des arbres circule moins vivement et le froid commence à picoter les mains et les pieds.

L'hiver

Je ne recommande pas de débuter les bains de forêt en cette saison, car le froid provoque l'engourdissement des mains et des pieds. Mais si vous êtes déjà un peu aguerri à la pratique et que vous en ressentez le besoin, tournez-vous vers les pins et sapins qui gardent toute leur superbe même en hiver. Profitez également des merveilles de la neige immaculée, observez les traces de pas des petits animaux passés par là, respirez l'odeur si particulière et vivifiante du froid. Le givre et le brouillard créent des ambiances magiques, l'ombre et la lumière sont exaltées par les contrastes forts entre les silhouettes douces et fantomatiques des arbres nus ou des sapins enneigés. Les bains de forêt hivernaux peuvent être extrêmement tonifiants, à condition d'être bien couvert !

Maintenant que vous savez où vous rendre pour votre premier bain de forêt et que vous avez toutes les cartes en main pour en profiter quelle que soit la saison, entrons dans les détails d'une séance de sylvothérapie. Progressons ensemble dans les bois pour y trouver détente et sérénité.

> « Le silence et la nuit, et l'ombre des forêts,
> Lui murmurent tout bas de sublimes secrets. »
>
> Alphonse de Lamartine

Partie 3

Pour aller plus loin

Conseil préalable

Avant de partir en forêt, je vous propose de lire une première fois cette visite guidée pour vous imprégner de la méthode. Vous partirez ensuite avec le livre comme avec un guide de voyage. Vous pouvez également vous munir d'un petit carnet qui vous servira à noter vos impressions au fil des séances. Je vais vous raconter le bain de forêt comme si nous étions ensemble dans les bois, votre imagination vous permettra de faire votre séance de bain de forêt en autonomie.

Chapitre 1

Venez avec moi en forêt

Avant de se lancer

Nous partons ensemble pour deux jours de cure de sylvothérapie. Si vous commencez seul, il n'est pas nécessaire de partir comme un aventurier avec sa tente et son réchaud sous le bras ! Familiarisez-vous progressivement avec les différents exercices au cours d'un après-midi : c'est un très bon début.

Quelles sont vos attentes et vos envies ?

Vous éprouvez l'envie de vous initier, d'expérimenter ? Vous avez déjà eu un premier contact avec les arbres, soit intuitif, soit guidé ? Vous avez envie d'apprendre des méthodes et d'approfondir vos connaissances en fonction de votre état de santé ? Ou alors de vous former pour emmener dans cette aventure votre famille ou vos amis, d'en faire profiter votre entourage ? Peut-être menez-vous une vie stressante ? Ou bien vous avez envie de vous reconnecter à vos besoins au contact de la nature ou de faire le plein d'énergie après l'hiver ?... Toutes ces raisons sont des exemples, explorez les vôtres ! Il est vraiment important que vous puissiez exprimer vos attentes.

Quand vous faites une séance avec un sylvothérapeute, le début de la randonnée vous offre la possibilité de parler tranquillement en aparté si vous souhaitez lui dire des choses plus personnelles.

Si vous pratiquez sans accompagnateur, un petit carnet (en papier recyclé, c'est mieux !) endossera cette fonction, vous pourrez y noter vos envies, besoins, attentes.

Créer son carnet « bain de forêt »

Compagnon idéal de vos sorties sans sylvothérapeute, voici quelques idées pour qu'il vous accompagne au mieux. Notez-y :

- le lieu de la sortie, la date et les conditions météo ;
- l'itinéraire que vous avez choisi ;
- la distance que vous avez parcourue ;
- l'arbre ou les arbres que vous aurez rencontrés ;
- vos attentes pour cette séance.

Après la séance, notez :

- comment vous vous sentez ;
- si elle a répondu à vos attentes et à vos besoins.

À quel âge commence-t-on ?

La sylvothérapie ne se limite pas à une classe d'âge, elle concerne tous les passionnés de nature et de développement personnel. Elle s'adresse à tous ceux qui ont envie de développer de nouvelles méthodes pour leur bien-être.

La sylvothérapie est adaptée à tous, de moins de 7 ans à bien plus de 77 ans ! La diversité des personnes est merveilleuse lorsque l'on pratique la sylvothérapie, que le bien-être et le retour à la nature soient des éléments centraux dans notre vie, que l'on soit un adulte débordé et que l'on veuille se reconnecter à l'essentiel, ou que l'on soit retraité, ou encore qu'on se tourne intuitivement vers les arbres.

Prendre le temps

Lors des séjours, j'aime que nous ayons le temps de nous immerger totalement, idéalement l'espace d'un week-end, dans l'exercice. Si l'on ne vient qu'un seul après-midi, la déconnexion est un peu moins efficace : on pense toujours un peu à la route du retour ou à ce que l'on doit faire après. Évidemment, une promenade de deux ou quatre heures fait toujours du bien, mais pour se recentrer et oublier tout le reste, rien ne remplace le temps devant soi, le temps pour soi.

En deux jours de sylvothérapie, vous vous imprégnerez entièrement de la forêt, vous ne penserez à rien d'autre qu'à votre bain de forêt. Vous pourrez complètement lâcher prise et faire le vide ! C'est la base d'une bonne initiation. Si vous faites votre bain de forêt seul, sans guide, entraînez-vous d'abord sur des séquences de quelques heures, puis d'une demi-journée, avant de tenter l'aventure pendant tout un week-end, ce qui représente l'expérience idéale. Cependant, il est préférable de débuter avec un professionnel. Il a par ailleurs été prouvé que, pour tirer des bénéfices de la sylvothérapie sur du plus long terme, passer deux nuits en forêt est idéal. Les effets sur le système immunitaire sont plus durables lorsque l'on part plusieurs jours, comme le suggère cette étude menée par le département japonais de santé publique : en mesurant le taux de cellules NK (pour *Natural Killers*, « cellules immunitaires ») des participants une semaine et un mois après un séjour de trois jours, les chercheurs ont constaté une activité toujours forte une semaine après le bain de forêt. Un mois après, l'activité s'était maintenue pour les participants de sexe masculin[1].

Le parcours

Voici le parcours que l'on va suivre : la première journée, nous irons voir des feuillus ; si nous nous rendons dans les Vosges, comme je le fais le plus souvent, nous pourrons par exemple rencontrer des hêtres le premier jour et des conifères, des sapins, la seconde journée.

Je vous rassure tout de suite : le parcours et les distances sont adaptés à tous. Dans les séjours de sylvothérapie, le but n'est pas de parcourir des kilomètres, ce n'est pas de la randonnée ; c'est aussi pour cela que la sylvothérapie est si facile à pratiquer en famille !

On peut rencontrer beaucoup d'arbres sur de courtes distances. Trois à quatre kilomètres pour deux ou trois heures de marche sont suffisants. Par ailleurs, il n'est pas nécessaire d'avoir une activité physique intense ou régulière pour se préparer à une sortie de sylvothérapie.

Si vous organisez votre propre séance, munissez-vous d'une carte IGN pour définir votre parcours à l'avance et vous repérer sur place.

1. Q. Li, K. Morimoto, M. Kobayashi, H. Inagaki, M. Katsumata, Y. Hirata, K. Hirata, H. Suzuki, Y. L. Li, Y. Wakayama, T. Kawada, B. J. Park, T. Ohira, N. Matsuf, T. Kagawa, Y. Miyazaki et A. M. Krensky, « *Visiting a Forest, but not a City, Increases Human Natural Killer Activity and Expression of Anti-Cancer Proteins* », *International Journal of Immunopathology and Pharmacology*, 2008.

Se servir d'une carte IGN

Une carte IGN (faite par l'Institut national de l'information géographique et forestière) est un outil précieux pour planifier les sorties : elle nous évite de nous perdre, ce qui est un début fondamental !

Voici comment reconnaître les forêts et les points d'eau qui jaillissent : les bois d'arbres à feuilles sont représentés par des petits ronds sur fond vert pâle, les bois de conifères par des triangles verts sur le même fond vert pâle. Tout ce qui concerne l'eau sera logiquement représenté en bleu : un cours d'eau par un trait bleu, une cascade par un trait bleu en perpendiculaire du cours d'eau ; une source est représentée comme un petit ballon bleu. Certains arbres remarquables sont recensés sur ces cartes, mais ils n'y sont pas tous, cela nous laisse la surprise de la découverte !

Si vous utilisez un carnet, vous pouvez y noter les dénivelés présents sur ces cartes : ils sont figurés par des lignes brunes (campagne, ville ou forêt) ou bleues (neiges éternelles et glaciers) en fonction du terrain, et les chiffres qui les accompagnent vous renseignent sur l'altitude en mètres.

Des forêts sauvages

Je vous emmène dans les forêts les plus préservées possible, presque des forêts primaires. J'aime faire découvrir, aux personnes que j'accompagne, des forêts où l'homme est très peu intervenu. Cela nous permet de comprendre le biotope, en quoi le lieu est plein d'espèces typiques, liées au milieu où elles poussent, à la composition du sol, aux conditions climatiques… La forêt primaire est un équilibre fragile, qui a mis des dizaines de milliers d'années à se créer ; une seule petite modification de la main de l'homme viendrait complètement déstabiliser cet écosystème. La réserve naturelle de Ristolas-Mont-Viso, dans les Hautes-Alpes, est un endroit (pentu !) à visiter pour son écosystème préservé. De nombreuses espèces endémiques, que l'on ne peut observer à aucun autre endroit de la planète, s'y trouvent. Les arbres qui y poussent sont d'autant plus marqués et marquants qu'ils subissent les conditions de la haute montagne.

L'endroit où l'on pratique la sylvothérapie est important : la proximité de ce qui nous entoure va conditionner nos expériences, alors évitons les abords des aéroports ou des autoroutes !

Pour être complètement là

Je vous recommande d'éteindre votre téléphone portable pour ne pas être perturbé par des sonneries et des ondes inutiles. En forêt, Internet n'a pas lieu d'être, c'est la connexion avec les arbres qui nous intéresse !

Comment ça se passe ?

La marche d'approche

Pendant la marche d'approche qui nous permet d'arriver dans la forêt, j'effectue une lecture du paysage et vous présente les différents environnements qui nous entourent. Nous allons croiser des arbres qui poussent de manière sporadique, pas en groupe, comme les alisiers blancs, les sorbiers des oiseleurs, qui sont typiques des montagnes. Seul, appuyez-vous sur la présentation des arbres faite aux pages 84 à 136 pour les identifier, ou utilisez l'application mobile « Clés de forêt » créée par l'ONF, qui fonctionne même lorsque votre téléphone est en « mode avion ».

Avant la rencontre avec un arbre, je ne donne pas d'indications sur ce que l'on doit ressentir. Chacun découvre à son propre rythme, avec ses sens, ce que chaque arbre lui inspire et les bénéfices qu'il en retire. Qu'est-ce que je vis avec ce type d'arbre ? Et avec celui-ci ? C'est à chacun de le trouver ! Vous pouvez noter sur votre carnet votre ressenti sur chaque arbre, avec sa localisation, la date de la « rencontre », pour pouvoir comparer avec des sorties ultérieures et retrouver cet arbre.

Nous entrons ensuite dans la forêt : en fonction des éléments que nous trouverons au sol, si cela semble assez confortable, vous pourrez vous mettre pieds nus. En effectuant cet exercice en autonomie, choisissez un sol jonché de feuilles mortes, de mousses ou de terre. Avoir les pieds nus sur la terre est une sensation inhabituelle, car les rares moments où on laisse ses pieds libres, c'est à la maison, sur le carrelage ou le parquet ou, hors de la maison, sur le sable. Vous allez ressentir l'humidité sous les feuilles : même en été, il y a les feuilles d'automne de l'année précédente qui n'ont pas été totalement désagrégées par les vers de terre (qui ne « travaillent » pas lorsqu'il fait trop froid) et par les intempéries. L'humus et les feuilles se décomposent petit à petit, il y aura donc plus de feuilles au sol au début du printemps, et plus d'humus en été. Donc, les sous-bois sont humides, et heureusement ! Car il faut que les racines des arbres soient en contact avec de l'eau, un arbre ayant besoin de capter jusqu'à 200 litres d'eau par jour. Cette eau qui s'évapore ensuite dans l'air par les feuilles.

Vous pouvez vous reporter aux exercices précédents sur l'éveil des cinq sens, notamment celui sur le toucher, pour vous aiguiller (voir p. 151).

Ce contact avec le sol permet de ressentir les racines et de comprendre que les arbres communiquent entre eux par leur biais, un peu comme si vous étiez vous aussi un arbre. Quand il reste des feuilles au sol, nous pouvons les retourner pour voir les petits filaments blancs dont je vous ai déjà parlé, le mycélium. Ce sont des champignons qui entrent en contact avec les racines de l'arbre pour l'aider à capter plus de nutriments.

Vous pouvez remettre vos chaussures ! La marche pieds nus est limitée dans le temps pour éviter l'inconfort des petits cailloux. Lorsque vous pratiquerez seul, veillez à votre confort avant tout. Si vous êtes très à l'aise, rien ne vous empêche de marcher 500 mètres pieds nus, voire de faire votre randonnée intégralement pieds nus si vous êtes très aventurier ! Quelle que soit la durée que vous passerez pieds nus, vérifiez, avant de remettre vos chaussures, l'absence de tiques. Un second contrôle plus approfondi en rentrant chez vous est utile, car ces petites bêtes peuvent grimper se mettre au chaud dans les plis de la peau (le creux du genou, à l'aine…).

La forêt de la découverte

Nous arrivons dans une magnifique forêt où poussent beaucoup de hêtres. Vous allez bientôt choisir, librement, votre arbre, celui qui vous plaît, mais juste avant, je vous propose d'observer ceux qui vous entourent. Si jamais vous vous tournez instinctivement vers un arbre malade ou qui a été foudroyé, il sera préférable, dans le cadre de l'exercice, de trouver un arbre qui soit moins vulnérable, plus stable, avec une répartition des branches plus harmonieuse. En effet, les bienfaits que vous retirerez d'une séance avec un arbre malade risquent d'être moindres, voire inexistants.

Reconnaître un arbre malade

Si votre arbre a une longue cicatrice en spirale qui parcourt le tronc depuis le sommet jusqu'au sol, c'est parce qu'il a pris la foudre. Un arbre foudroyé est toujours plus vulnérable, même si la cicatrice est ancienne. De la même façon, évitez de choisir un arbre qui a des branches mortes, le tronc creux ou littéralement recouvert de champignons, qui n'a plus ni feuilles ni aiguilles à la belle saison. Il se peut que ce soit un arbre affaibli, malade ou en fin de vie, donc pas le meilleur sujet pour sentir ce qui palpite et frémit à l'intérieur !

Vous pouvez être encore pieds nus, contre les racines de l'arbre, pour ressentir là où l'arbre prend ses forces. Vous adoptez une position confortable, bien calé contre les racines. La stabilité de votre position est importante pour pouvoir observer tranquillement ce qui vous entoure. À ce stade, vos pieds sont le seul contact avec l'arbre, vous n'y appuyez pas encore votre corps, vous n'avez pas les bras autour du tronc.

J'aime expliquer à ceux que j'accompagne la vie des animaux qui évoluent ici, qui se nourrissent, se reproduisent, je leur parle des lichens et des mousses. J'invite chacun d'entre vous à toucher le tronc pour ressentir la finesse de l'écorce, les différents lichens qui s'y accrochent, la mousse qui est plus importante sur les côtés du tronc exposés à l'humidité. C'est le moment de mettre en avant toutes les sensations liées à la vue et au toucher, notamment en pratiquant les exercices vus précédemment.

Comprendre pour ressentir

Je vous propose ensuite de prendre conscience de la proximité des racines dans le sol. Dans certains cas, les racines sont à peine à 40 cm sous nos pieds ! Selon les espèces, les racines s'étalent en longueur ou en profondeur.

Ces racines servent à nourrir, à renforcer l'arbre, mais aussi à la communication des arbres entre eux. Ils se soignent mutuellement par ce biais. Ce qui signifie que vous êtes en contact avec votre arbre, mais aussi avec les arbres à proximité et, finalement, avec l'intégralité de la forêt !

Vous gardez le contact des pieds avec votre arbre pour comprendre comment il est arrivé à cette taille dans cet environnement spécifique. Dans les forêts d'altitude, vers 1 000 mètres, les arbres adultes sont deux à trois fois plus petits que leurs cousins des plaines au même âge. Cela s'explique par les conditions climatiques rudes : très froid l'hiver, très chaud l'été. On passe de moins 25 °C l'hiver à plus 30 °C l'été. L'arbre ne peut pas bouger et subit ces différences de température. La température moyenne annuelle sur les sommets vosgiens est de 4 °C ! Et il n'y a qu'un seul mois par an où il ne gèle pas : le mois de juillet. La moyenne des vents est de 80 km/h et il pleut plus de 6 mètres d'eau par an… Vous comprenez alors à quel point votre arbre est puissant même si, au premier regard, il n'est pas immense.

Prendre l'arbre dans ses bras

Une fois ces explications terminées, vous allez pouvoir aborder l'exercice suivant à votre rythme, dans le calme.

Vous commencez par vous soucier du consentement de votre arbre. Pour être accepté par celui-ci, même si vous ne pouvez pas lui poser la question : « Est-ce que je peux te prendre dans mes bras ? » et attendre une réponse, vous avez la possibilité de vous mettre dans un état d'esprit empathique. Lorsque vous cherchez à entrer en contact avec quelqu'un, vous essayez sûrement de vous mettre à la place de cette personne, de la comprendre, d'envisager son mode de vie, ses joies ou ses souffrances. C'est pour cette raison que je vous ai expliqué quelles sont les conditions de vie d'un arbre. Selon moi, il est impensable d'arriver, de se coller contre l'arbre pour immédiatement chercher comment tirer de l'énergie à son contact !

Votre état d'esprit respectueux et empathique envers celui que vous allez approcher va faciliter le contact et l'échange entre vous.

Une fois le consentement ou l'empathie établis, vous allez pouvoir prendre votre arbre dans les bras, ou simplement poser vos mains, votre front, contre l'arbre. Fermez les yeux. Vous allez vous relaxer dans cette position, c'est le moment de vous connecter à votre arbre. Pendant 5 minutes si vous débutez et 10 à 15 minutes si vous êtes plus expert, vous vous plongez dans ce calme absolu. Vous allez essayer de « naviguer » dans l'arbre, de suivre le trajet de la sève qui s'élance en hauteur, en imaginant ce qui se passe dans l'arbre. Il est possible que vous ressentiez réellement cette circulation mais, si ce n'est pas le cas, l'imaginer suffit amplement. Vous allez explorer ce qui se passe dans les branches, voir, entendre ou visualiser dans votre tête toute cette vie qui vous entoure, ressentir le trajet de l'eau qui nourrit l'arbre, la pression des feuilles qui aspire cette eau vers le haut. Vous allez vous rendre compte que l'arbre, en dépit de son apparence statique, est traversé de plein de flux de vie puissants. Comme je vous l'ai déjà dit, la force d'aspiration de l'eau dans l'arbre est de 400 kg/cm^2, c'est une force incroyable !

Vous allez peut-être avoir besoin de répéter plusieurs fois cet exercice auprès du même arbre ou d'arbres différents, pour réussir à avoir une attirance et une perception de quelque chose. Votre démarche n'est pas celle d'un consommateur qui veut se servir et retirer un bénéfice immédiat. Vous allez y arriver, car la perception s'affine naturellement avec le temps et la pratique. Si vous n'avez pas eu le temps de tester toutes les essences rencontrées sur votre parcours du jour, notez-les sur votre carnet, vous les testerez lors de votre prochaine sortie.

Respirez

Vous allez observer votre respiration à l'approche d'un arbre, le rythme du souffle, sa qualité : est-ce que vous respirez amplement ou par saccades ? Où votre respiration prend-elle origine dans votre corps ? Au fond du ventre, sous les clavicules, sous le nombril ? Tentez maintenant de reproduire l'exercice auprès d'autres arbres, soit d'une autre espèce, soit d'une taille différente... Vous pourrez alors identifier des différences dans vos ressentis, partager avec les gens qui vous accompagnent ou écrire dans votre carnet de sylvothérapie les sensations ressenties.

Vous vous concentrez donc sur votre respiration. Vous pouvez repenser aux exercices de respiration préliminaires qui ont déjà été présentés (voir p. 153). Dos à l'arbre, bien droit, la tête légèrement relevée avec les mains le long du corps, fermez les yeux, expirez et inspirez lentement, en remplissant à chaque fois vos poumons en entier, plusieurs fois de suite. Vous allez capter un maximum de terpènes présents dans l'air ambiant, diffusés par le tronc des arbres et par les feuilles dans la forêt.

Si vous débutez, réalisez une dizaine de respirations complètes en allongeant l'expiration au fur et à mesure. Si vous êtes plus expérimenté, réalisez deux sessions de dix respirations avec deux minutes de repos entre chaque.

Vous reprenez conscience tout doucement, en bougeant le bout des doigts, la tête, les pieds, un peu comme après une séance de relaxation ! Vous pouvez ouvrir les yeux.

Je vous propose ensuite de faire le même exercice, mais en contact avec votre plexus solaire. Poser votre main sur votre plexus solaire va vous permettre de bien sentir votre respiration. Il n'y a pas qu'une seule technique, une seule mise en relation : vous pouvez tout à fait choisir de vous asseoir contre un arbre pour lire un livre si c'est ainsi que vous êtes le plus à l'aise, et cela vous apportera aussi des bénéfices !

Retour sur votre expérience

Dans la suite de la session de sylvothérapie, nous allons parler de ce que vous avez ressenti : comment avez-vous vécu cette expérience ? Si vous êtes en séance individuelle, c'est le moment de ressortir votre petit carnet pour noter vos impressions ! Si vous avez amené du monde, c'est le moment d'échanger, de partager vos impressions avec vos compagnons d'aventure !

Sans parler des échanges d'énergie, faites simplement un retour sur les sensations que vous avez perçues, ce à quoi vous avez pensé. Ma pratique, que je partage avec vous dans ce livre, s'arrête à cette exploration sensible, d'une très grande simplicité, qui est à mon sens la plus universelle. Je n'aborde pas la sylvothérapie de façon spirituelle, ésotérique ou encore comme une médecine énergétique. Mon approche est différente. Ce n'est pas non plus la démarche d'un psychologue, mais celle d'un accompagnateur en forêt dont les connaissances viennent du vécu, de l'expérience sur le terrain. Je n'éprouve pas le besoin de construire un discours autour de la rencontre avec les arbres, qui peut se faire très simplement, sans des représentations mentales qui nous empêcheraient de vraiment écouter la nature. Je comprends très bien que l'on puisse trouver de la satisfaction à commenter l'expérience du bain de forêt avec un vocabulaire énergétique. Ma façon de faire est différente : simple, accessible à tous et sincère. J'aime fonder les sorties sur l'expérience. C'est une façon à la fois spontanée et très naturelle de vivre son lien à la nature, sans aucune attente ou idée préconçue.

On s'intéresse aux ressentis fondamentaux : peut-être y a-t-il eu beaucoup de vent ? Ou vous avez senti l'arbre vibrer ? Un oiseau comme un pic est-il venu taper dans l'arbre ? Un geai a-t-il crié pour prévenir les autres animaux ?… Tous ces moments participent intégralement à l'éveil des sens et au plaisir de la sylvothérapie !

La source et le hêtre

Nous nous dirigeons vers un autre site, à la rencontre d'un hêtre immense qui pousse au-dessus d'une source. Visualisez et essayez de vous figurer la source qui jaillit directement sous les racines. Est-ce la source qui est sortie sous les racines de cet arbre, ou l'arbre qui a poussé juste au-dessus pour protéger la pureté de l'eau ? Cet endroit magique ressemble à un décor de conte de fées, pourtant il existe vraiment : niché quelque part dans les Vosges, il a ma préférence pour ressourcer le corps et l'âme. Vous pourrez certainement découvrir des sites comparables lors de vos sorties, vous pourrez les noter dans votre carnet pour vous remémorer la magie des lieux !

L'exercice suivant comporte des respirations intenses, que nous faisons tous ensemble pour nous ressourcer.

Ce lieu est un endroit chargé en ions négatifs : ce sont de toutes petites particules chargées électriquement. Contrairement à ce que le mot « négatif » suggère, elles sont bénéfiques au bien-être. Vous trouverez aussi des ions négatifs près des torrents, des cours d'eau, des cascades, au bord de la mer et en forêt. Les chutes de neige favorisent également l'augmentation de ces ions. Ils apaisent le corps et l'esprit, alors que les ions positifs énervent. Pensez à la façon dont vous vous sentez juste avant que l'orage éclate : les ions positifs alors concentrés dans l'air énervent tout le monde, y compris les abeilles ; n'allez surtout pas ouvrir une ruche quand le temps est orageux ! Les abeilles sont très excitées et elles piquent plus facilement par temps d'orage. Les ions positifs sont très nombreux dans nos environnements pollués par le chauffage et les matières synthétiques qui envahissent nos maisons, voitures et autres moyens de transport.

De nombreuses recherches menées au XXe siècle suggèrent que les ions négatifs entrent plus facilement dans les alvéoles pulmonaires et donc passent bien dans le sang. À partir de là, les réactions physiques bénéfiques s'enchaînent : normalisation de la tension artérielle, nettoyage des bronches, régulation de toutes les activités de nos glandes internes (thyroïde, surrénales...).

En 1922, une expérience menée sur des cochons d'Inde en URSS démontrait que ces derniers vivaient plus longtemps et avec un meilleur taux d'hémoglobine si on les exposait aux ions négatifs. Une autre étude de 1932 suggère de nouveau que l'exposition aux ions négatifs ralentit le vieillissement.

L'exposition aux ions négatifs est tout indiquée pour se calmer, favoriser le fonctionnement intellectuel, améliorer le temps de réaction et la force musculaire, la résistance au stress, augmenter l'appétit, supprimer les migraines ou retrouver sa libido. Et c'est tout l'inverse si vous restez trop longtemps et trop souvent dans un environnement chargé d'ions positifs !

Lorsque vous installez un humidificateur-ioniseur chez vous, les ions négatifs apportent des bienfaits sur le bien-être et le moral dans votre foyer !

Boire à la source

Maintenant que nous sommes tous – c'est-à-dire vous et moi, ou vous tout seul... avec moi en pensée –, dans la forêt des Hautes-Bers ou dans cet endroit secret que vous aurez su découvrir, à proximité d'une source qui n'a pas coulé en amont, donc sans risque de pollution, je vous propose de goûter tranquillement cette eau d'une pureté incroyable ! Une fois que vous aurez apprécié sa fraîcheur cristalline, ajoutez-y quelques gouttes d'un sirop de sapin fabriqué localement pour développer les goûts et éveiller vos papilles.

L'éveil des sens passe également par les plaisirs gustatifs, aussi, au cours du séjour, nous aurons l'occasion de mordiller une aiguille de sapin qui laissera un goût merveilleux en bouche pendant plusieurs heures, nous dégusterons des faines, ces fruits tombés à l'automne qui n'ont pas encore germé pour donner des petits hêtres. Ce fruit au goût délicieux était autrefois ramassé pour faire de l'huile, mais la tradition s'est perdue peu à peu, tant elle était chronophage. Je vous proposerai aussi de goûter, en fonction de nos trouvailles, des fruits, des bourgeons, des feuilles, pour faire corps avec cette nature qui nous entoure.

Choisir sa source d'eau pure

Si vous souhaitez déguster de l'eau de source non polluée, tournez-vous de préférence vers les sources de montagne, à l'endroit où elles sortent de terre pour la première fois. C'est la seule garantie qu'elle ne soit pas polluée. Soyez plus prudent avec les cours d'eau en plaine si vous ne connaissez pas précisément le parcours qu'ils ont emprunté avant d'arriver jusqu'à vous : ils pourraient être impropres à la consommation.

Vos sens sont en éveil, vous avez fait preuve d'imagination et vous avez exercé votre ressenti ; votre carnet de bain de forêt commence à se remplir de vos expériences, peut-être même y avez-vous mis des collages de cartes, de feuilles séchées ou des petits croquis ? Vous pouvez désormais passer à l'étape suivante : les bains de forêts personnalisés !

> « Du seuil, vous entendrez murmurer les feuillages
> Et le souffle odorant qui caresse les pins
> Descendra des sommets vous frôler le visage.
> Son arôme éteindra le feu qui vous brûlait. »
>
> Adolphe Retté

Chapitre 2

Chacun son bain de forêt
Les exercices par besoin

Vous êtes désormais familier des exercices de sylvothérapie ! Vous avez pu consigner vos premiers ressentis et apprendre à vous relier aux arbres et à la forêt dans son ensemble. Nous pouvons maintenant explorer des exercices plus ciblés, en fonction des besoins de chacun.

Enfants

Si vous laissez à un enfant la possibilité d'évoluer au milieu des arbres, vous pourrez constater qu'un lien se crée très naturellement. Chaque enfant adopte sans même y réfléchir un arbre qui sera « le sien » et vers lequel il se tournera. Il y sera attaché tout au long de sa vie, s'en souviendra et, s'il a la chance de pouvoir retourner dans ce lieu spécifique, il ira vers lui. Désirée est une présentatrice et actrice très populaire dans son pays. Je l'ai rencontrée par hasard lors d'un cocktail, au milieu d'une foule dense. Je me remémore avec tendresse le moment où elle a évoqué avec moi, les larmes aux yeux, « son » arbre. Le seul arbre du jardin de son enfance, auprès duquel elle retourne pour se ressourcer. Il l'accompagnera toute sa vie, sera son point d'ancrage, sa réassurance d'une certaine forme de permanence dans ce monde parfois futile. À cet instant, son émotion, toujours aussi vive et intense, a éclipsé tout le reste. C'est pour moi le témoignage vivant de l'attachement que l'on garde aux arbres qui ont peuplé notre enfance : cerisier dans le jardin des grands-parents ou marronnier du square, nous avons tous un arbre qui vit dans notre mémoire d'adulte. Et vous, quel est l'arbre de votre enfance ? Observez votre enfant : a-t-il, dans votre jardin, ou dans les bois que vous fréquentez, un arbre particulier ?

Répondre aux besoins des enfants avec la sylvothérapie

Les bains de forêt pour les enfants peuvent répondre à différents besoins :

- confiance en soi et autonomie : on recherchera les expériences et la valorisation de l'enfant par l'exploration ;
- socialisation et ouverture vers les autres : sourires, câlins, bisous… Le bain de forêt est une occasion unique de partager un moment de qualité avec les enfants de tous âges ;
- développement physique et moteur : les expériences sensorielles, nombreuses, sont autant de réponses au besoin de mouvement de l'enfant, ainsi qu'à son éveil sensoriel et moteur ;
- développement de la curiosité et de l'intellect : il y a toujours une explication intéressante à donner à leurs « pourquoi ». Les enfants sont avides de savoirs et veulent comprendre ;
- développement de la sensibilité écologique en découvrant et en comprenant le milieu naturel.

Comment amener les enfants en forêt pour pratiquer la sylvothérapie ?

Pensez à prendre un en-cas et à vêtir et chausser confortablement votre enfant, pour éviter de vous retrouver avec un petit qui a froid, faim et donc pas envie de tenter l'expérience… voire vous fait une grosse colère !

Il est très facile d'amener les enfants en forêt ou au contact des arbres, ils sont toujours les premiers à vouloir sortir à la découverte du milieu naturel. Adaptez votre parcours pour privilégier des promenades sur de courtes distances, avec des pauses fréquentes : un enfant se fatigue vite, mais récupère de l'énergie rapidement !

Soyez attentif à ce que les explications soient simples et rationnelles : les arbres sont vivants, ils se parlent entre eux ! Leur curiosité naturelle les amènera à poser des questions plus complexes pour comprendre le pourquoi du comment.

Vous pouvez également stimuler vos échanges en leur demandant très régulièrement d'exprimer ce qu'ils ressentent et ce qu'ils voient, pour les amener à réfléchir et à être curieux.

Les arbres à privilégier

- Le **hêtre** apporte de la sérénité, de la confiance et du calme, c'est donc une essence à privilégier pour les enfants hyperactifs ou très nerveux.
- Le **chêne** est un vecteur de confiance, de force et de puissance. Il aide l'enfant à sentir la force de son ancrage, de ses racines qui lui permettent d'être au monde.

- Le **sapin** et le **pin** apportent de l'énergie, de la résistance et de l'espérance. Ce sont vers eux que l'on peut orienter l'enfant qui se sent triste, anergique, s'il a des problèmes relationnels à l'école.
- Le **tilleul** est l'arbre de la protection. On peut l'utiliser lorsque l'enfant a besoin de se sentir entouré d'amitié et de douceur protectrice, quasi maternelle. C'est également un arbre qui apaise les tensions psychiques, surtout lorsqu'il est fleuri. Les enfants dont le sommeil est perturbé trouveront des bénéfices aux exercices avec cet arbre.
- Le **bouleau** est un arbre qui apporte de la douceur, il suffit de caresser son écorce si fine et au grain si lisse pour s'en rendre compte. Sa blancheur remarquable et sa verticalité élancée apportent la confiance et l'estime de soi. C'est par ailleurs un symbole de jeunesse, car le bouleau est une essence primaire, qui repousse parmi les premiers dans les zones où il n'y avait plus rien.

En pratique

Pour rendre la pratique ludique, changez régulièrement d'activité et découpez-les en séquences de 30 minutes au maximum.

Vous pouvez vous appuyer sur les contes, légendes et mythes pour raconter des histoires et faire vivre l'imaginaire de votre petit auditoire. N'hésitez pas à alterner les sorties individuelles et les sorties en groupe pour développer les interactions et la vie en société. Lorsque vous renseignez les enfants sur un élément précis de la sortie, veillez à ce que vos informations soient simples et claires, et fondées sur une stimulation des capacités sensorielles : les feuilles, branches et fruits sont autant d'opportunités d'apprendre en les manipulant.

La sortie est une occasion unique de développer l'intellect et les repères ; incitez l'enfant à s'exprimer : comment il se sent, le temps qu'il fait, quel arbre il a vu… C'est aussi un moment privilégié où certaines choses normalement interdites par les grands sont permises : marcher pieds nus, sauter dans les flaques et jouer avec des bâtons, toutes ces activités développent les capacités motrices !

Mettre en éveil les cinq sens avec des exercices pratiques

1. Le toucher est très facile à mettre en avant au travers de jeux de manipulation avec les éléments trouvés dans la nature : eau, terre (ce n'est pas un problème, à cet âge-là, d'avoir les mains sales, ils adorent ça !), feuilles, branches… Construire des cabanes ou faire des dessins avec des cailloux, tout est possible pourvu que l'on s'amuse ! Exercez-vous avec eux à faire des câlins aux arbres de leur choix, sans parler de méditation, qui peut être une notion trop abstraite à leur âge.
2. Pour éveiller le regard, vous pouvez leur faire observer des choses très simples : les mousses, les écorces, les couleurs des feuilles ou la forme des fruits.
3. Stimulez l'ouïe en jouant au roi du silence et en leur demandant ensuite quels bruits de la forêt ils ont entendus : des oiseaux ? Ou bien le vent dans les branches ?
4. Faites-leur goûter les fruits des arbres, par exemple des faines. Évitez cependant les noisettes ou autres fruits trop ronds ou petits avec lesquels ils risqueraient de s'étouffer ! Les aiguilles de sapin sont intéressantes,

précisez simplement qu'il faut les mastiquer et ne pas les avaler.

5. Éveillez leur odorat avec le parfum des feuilles mortes, de la terre et des champignons, non vénéneux bien entendu ! Lors d'un exercice de respiration, demandez-leur s'ils respirent mieux ici que lorsqu'ils sont dans la rue en ville et pourquoi. Vous pourrez ensuite expliquer l'intérêt des phytoncides sur la respiration.

Il est certain qu'après une telle sortie inédite, les enfants vous en réclameront d'autres ! Pour les faire patienter jusqu'à la suivante, vous pouvez les inviter à reproduire seuls l'exercice dans leur jardin (s'ils en ont un) ou dans un parc : le soir après l'école, soit pour se détendre, soit parce qu'ils sont énervés ou qu'ils se sont fâchés avec leurs parents. C'est toujours plus sympa d'aller pleurer contre son arbre que seul dans sa chambre !

Ados hyperconnectés

Pour faire en sorte que votre ado lâche son Smartphone, sa tablette ou son PC pour vous accompagner en forêt, il va probablement falloir ruser un peu !

Comment amener les adolescents en forêt pour pratiquer la sylvothérapie ?

Vous pouvez lui proposer de partir avec ses amis, tout est toujours mieux avec sa bande de potes, à l'adolescence. Nul doute que l'un d'entre eux (plus sensible à la nature) pourra motiver le groupe à l'idée d'aller enlacer les arbres. Vous pouvez aussi appâter les ados en faisant de la forêt un espace de liberté garanti « sans parents ». Apprenez-leur avant le départ à lire une carte IGN, il ne s'agit pas de se débarrasser d'eux en les perdant dans les bois ! Accordez-leur votre confiance pour les laisser aller en forêt entre amis.

Rusez un peu sur la forme de l'exercice : plutôt que de parler de méditation, proposez une formule type course d'orientation ou chasse aux trésors par équipe de deux ou trois en disposant au préalable quelques balises à identifier là où des exercices sur différents arbres seront proposés.

Vendez-leur aussi du réconfort alimentaire. Une formule apéro/goûter dans les bois ou à la maison après la sortie en forêt, une soirée raclette ou pizza… (La carotte, quoi !)

L'aventure et le dépassement de soi peuvent aussi jouer un rôle déterminant : proposez une formule sylvothérapie avec nuit en forêt (à la belle étoile ou dans un abri non gardé, frissons garantis !).

Répondre aux besoins des adolescents avec la sylvothérapie

Chez l'adolescent, les besoins sont nombreux, mais on peut néanmoins dégager un axe principal autour duquel pourra tourner le bain de forêt : le recentrage. Que vous ayez affaire à un ado bougon et renfrogné ou au contraire hyperactif, un asocial replié sur lui ou un volubile sautillant, l'adolescence est une période de grands changements où prendre le temps de se recentrer est toujours utile.

Les arbres à privilégier

- Le **hêtre** apportera sérénité et confiance à un adolescent mal dans sa peau, introverti ou timide.
- Le **chêne** permet de donner un axe directeur à sa vie et ses choix ; en cette période de grands changements intérieurs, il donne confiance, force et puissance au futur jeune adulte, qui en a souvent bien besoin !
- Le **sapin** et les **pins** vont tonifier ceux qui se traînent comme des loques, épuisés par leur croissance, les rythmes scolaires et les premiers émois ! Ils apportent de l'énergie, de la vigueur et de la verticalité à l'ado mou et avachi comme un Gaston Lagaffe au bout de sa vie.
- Le **bouleau** sera vecteur de douceur et de réconciliation, tout à fait indispensable dans cette période où le conflit avec les adultes permet parfois de trouver des limites et de créer ses propres repères – le conflit est parfois un mode d'expression un peu trop prisé par l'adolescent. Si vous arrivez à le sortir de sa tanière, qu'il râle, traîne les pieds et vous traite de vieux con, posez-le contre un bouleau et laissez agir le temps qu'il faudra.
- Le **noyer** apportera le sens des responsabilités et l'autonomie qui sont en pleine construction lors de l'adolescence. A-t-on déjà vu un adolescent débarrasser spontanément la table ou passer l'aspirateur après le contact avec un noyer ? Le miracle pourrait avoir lieu !

En pratique

Il est intéressant de focaliser les exercices sur l'éveil des sens chez l'adolescent, pour favoriser la reconnexion à son corps : marcher pieds nus ou goûter les aiguilles et les fruits, respirer à pleins poumons sont autant d'occasions de sortir d'un monde virtuel pour entrer dans un monde concret. Vous pouvez pratiquer les exercices seul à seul avec votre ado, puis par petits groupes de trois ou quatre adolescents. Pratiquez avec eux les respirations et la concentration sur les arbres (pour les détails de cet exercice, voir le chapitre « Venez avec moi en forêt », p. 171).

Il est très positif de leur demander régulièrement de s'exprimer sur leurs sensations, leurs émotions, leurs ressentis. C'est l'occasion pour eux de prendre conscience de la différence de ressenti par rapport à d'autres activités de leur quotidien, où ils sont souvent assis en classe ou face aux écrans et jeux vidéo : est-ce qu'ils ressentent de la fatigue, des maux de tête ? Comment se sentent-ils après cette sortie ?

La course d'orientation

Pour l'animation course d'orientation, créez des groupes de deux ou trois adolescents. Cachez des balises à différents endroits de la promenade. Chaque groupe d'adolescents sera équipé d'une carte IGN et d'une boussole. Bien entendu, le téléphone portable est éteint, mais dans la poche pour assurer leur sécurité. Le but est de rapporter cinq balises, cachées à l'endroit d'un exercice de sylvothérapie.

Femmes enceintes

Si vous, ou une femme proche de vous, attendez un heureux événement, c'est l'occasion idéale pour profiter d'un retour aux sources ! C'est une période où l'on pense différemment à la nature et à sa place dans la nature, où l'on a parfois envie de se recentrer sur l'essentiel. Les bains de forêt sont aussi une très belle expérience qui peut répondre à ce nouveau centre d'intérêt.

Les changements, autant physiques que psychologiques, induits par la grossesse seront favorablement accompagnés par une séance de sylvothérapie. C'est le moment de se reconnecter à ce qui se passe en soi avec sérénité.

Le cadeau idéal pour une future maman

Plutôt que d'offrir l'inévitable chèque-cadeau « massage femme enceinte » à votre sœur, amie ou épouse, pensez plutôt au bain de forêt !

Pour partager un moment agréable et se sentir bien dans sa peau, la sylvothérapie apporte détente et bien-être à travers une activité sportive calme et pas trop intense au cœur de la nature. Les bienfaits sont nombreux : marcher en forêt améliore la respiration et apporte indirectement de l'air pur pour le bébé ; en mettant en éveil l'ensemble des sens de la maman, le contact avec le bébé sera d'autant plus fort et apportera de la sérénité aux deux.

Arbres à privilégier

- L'**olivier** est l'arbre de la longévité, de la force et de la pureté. Il sait s'adapter à des conditions climatiques rudes, au soleil brûlant de l'été.
- Le **hêtre** est puissant et stable, il apportera la sérénité et la confiance à une future maman anxieuse.

- Le **chêne**, comme le hêtre, va stabiliser et amener de la confiance, de la force et de la puissance.
- Le **sapin** et le **pin** sont deux essences à privilégier pour redonner de l'énergie, de la résistance et de l'espérance à la future maman.
- Le **tilleul** sera à privilégier pour une femme enceinte ayant besoin de se sentir protégée, entourée de douceur et apaisée.

En pratique

La sylvothérapie pour les futures mamans dépend beaucoup de la période : dans les premiers mois, tous les parcours sont aisément accessibles. À mesure que le ventre s'arrondit et que la mobilité se réduit, les séances les plus bénéfiques seront parfois les plus proches du domicile. Tout est une question d'adaptation à l'énergie de la femme enceinte au moment de la sortie. L'autre parent ou un membre de la famille peut préparer un bain de forêt aux petits soins, pensé pour elle, avec des éléments de confort, des gourmandises, des petites attentions, c'est une preuve d'amour qui aura certainement beaucoup de succès.

L'éveil des sens

Le toucher renforce la proximité avec l'arbre, qui est un être vivant. L'aspect tactile permet de faire le parallèle arbre-maman/maman-bébé. C'est un excellent exercice pour lier le contact avec l'enfant à naître.

La respiration, la méditation et les exercices d'étirement auprès des arbres favorisent la circulation sanguine et l'oxygénation. L'air pur respiré par les poumons génère une fatigue physique bénéfique et facilite le sommeil, qui est parfois irrégulier chez les femmes enceintes.

Si vous faites cette sortie à plusieurs, exprimez vos sensations, émotions et ressentis. En sortie individuelle, vous pouvez noter toutes ces impressions dans votre carnet de sylvothérapie, ainsi que les réactions du bébé. Pendant toute la période de la grossesse, n'hésitez pas à sortir tous les jours si le besoin s'en fait sentir : c'est une occasion unique de consacrer du temps à soi, à son bébé, et à créer un lien fort et calme.

Personnes âgées

À l'âge de la sagesse et de la maturité, dans une société qui a coupé tous les liens entre les âges de la vie, les personnes du troisième âge souffrent de solitude : 10 % des 85-89 ans sortent moins d'une fois par semaine ou jamais de chez eux ; une personne de 60 ans sur trois ne sort pas tous les jours. Or, comme les arbres, nous sommes des êtres de contact, nous avons besoin d'échanges avec nos semblables pour être bien. Alors comment faire, quand la famille habite loin, que les sorties se font rares et que l'autonomie diminue ? La pratique de la sylvothérapie est un moyen d'être en contact avec le vivant. Comme il n'est pas nécessaire d'aller randonner et de se perdre loin dans la forêt, les personnes âgées peuvent pratiquer la sylvothérapie à l'orée d'une forêt. De plus, la pratique régulière, au moins hebdomadaire, des bains de forêt procure de nombreux bénéfices sur la santé : oxygénation, ralentissement du vieillissement et stimulation visuelle ayant un effet sur le moral.

Arbres à privilégier

- L'**olivier** est l'arbre de la longévité et, comme le chêne, un vecteur de force et de pureté.
- Le **hêtre** apporte de la sérénité et de la confiance.
- Le **chêne** permet de retrouver son ancrage et sa confiance, de se ressourcer et de s'inspirer de sa force, de s'équilibrer auprès de sa puissance, de retrouver sa tranquillité.
- Le **sapin** et le **pin** sont des arbres très dynamisants, qui apportent énergie, résistance et, dans cet élan d'énergie, de l'espérance.
- Le **noyer** est l'arbre de la responsabilité (on l'a vu pour les adolescents) et de l'autonomie.
- L'**aulne** a des effets bénéfiques sur les problèmes de rhumatismes et de paralysie.
- L'**aubépine** renforcera un cœur fatigué, et permettra de lutter contre des arythmies cardiaques et des problèmes de sommeil.
- L'**érable** redonne le moral à la suite d'épreuves difficiles de la vie.
- Le **tilleul** est tout indiqué pour se sentir protégé. C'est l'arbre de la constance en amitié, de la fidélité à travers le temps.

En pratique

Si, aujourd'hui, la sagesse est un élément constitutif du quotidien, nos aïeuls sont probablement malgré tout les personnes les plus sensibles à la nature. Parfois simplement par le biais des plantes ou du jardinage. Si vous souhaitez proposer à une personne de votre entourage ou organiser vous-même votre sortie, voici quelques conseils.

Vous n'avez pas besoin de parcourir de grandes distances pour trouver un arbre auprès duquel il vous sera agréable de vous reposer. Les promenades quotidiennes sont l'occasion de repérer ce qui vous plaît ou ce qui vous inspire, soit pour le partager avec les plus jeunes, soit pour les noter dans votre carnet de bains de forêt.

Le plus important est de trouver une forêt, un parc ou un jardin proche de votre domicile et accessible facilement quelle que soit la mobilité du moment. Pour les premières sorties, soyez accompagné pour trouver l'arbre qui vous plaît ! Prévoyez un en-cas et des boissons pour profiter d'un moment de pause gourmande et régénérante.

Il y a parfois dans les albums photo de famille des arbres remarquables, dans les histoires de famille des légendes à transmettre : ces récits intimes sont riches de souvenirs que vous pouvez raconter ou décrire par le biais de la nature.

L'éveil des sens

Favoriser le toucher lors d'un bain de forêt renforcera la proximité avec l'arbre, qui est un être vivant. Le contact est un manque sensoriel criant chez les personnes âgées. Qui n'a pas une grand-mère ou une tata qui adore faire des bisous, des caresses dans le dos ou des « chronchrons » dans les cheveux ? Ce toucher affectueux disparaît de la vie des personnes âgées, notamment en maison de retraite, à tel point que l'on est obligé aujourd'hui, dans la formation des professionnels du grand âge, de mettre l'accent sur ces gestes.

La bonne nouvelle, c'est qu'observer les arbres passe par le regard et le toucher.

Explorer l'écorce permet de se rendre compte que la « peau » des arbres devient rugueuse avec le temps, mais ça ne les empêche pas d'être en pleine santé : cette marque du temps est honorable et belle. Les arbres peuvent vivre plusieurs centaines voire milliers d'années, ils sont l'âme de la forêt, les êtres sages qui guérissent et aident les plus jeunes à grandir. Les personnes âgées représentent le savoir, la sagesse, la transmission du savoir-faire aussi, l'expérience et l'enseignement. Rencontrer des arbres est propice à créer un parallèle positif, dans une société où ces valeurs sont de moins en moins mises en avant.

Pratiquer les bains de forêt redonne de la confiance, de la force pour se battre, par exemple en visualisant l'ancrage des racines dans le sol ou bien la force que suggèrent la taille et la circonférence importantes du tronc.

Lire un livre au pied d'un arbre plutôt que dans un fauteuil à la maison permet de respirer de l'air pur, de se changer les idées loin des intérieurs trop peu aérés. Cet air pur respiré profondément génère une fatigue physique bénéfique facilitant un sommeil réparateur. Les exercices de méditation auprès de l'arbre sont également bénéfiques, car on sort d'un contexte parfois difficile de maladie pour penser à autre chose, on oublie la solitude en créant un contact avec un être vivant socialement connecté. En effet, dans la forêt, l'arbre est intimement connecté à d'autres êtres vivants et aux autres arbres de la forêt. Cette prise de conscience apporte un vrai réconfort moral : même en restant immobile comme un arbre, on peut être malgré tout socialement relié aux autres !

Si vous effectuez cette sortie avec vos parents ou vos grands-parents, les exercices sont l'occasion de leur demander très régulièrement de s'exprimer sur leurs sensations, leurs émotions et leurs ressentis.

Ainsi, les bains de forêt sont vraiment démocratiques : adaptés à tous, pourvu que l'on module les sorties en fonction des envies et des besoins de chacun ! Mais d'autres secrets de sagesse et des leçons de vie lumineuses se cachent sous les racines et dans les troncs.

> « Il en est de l'homme comme de l'arbre.
> Plus il veut s'élever vers les hauteurs et la clarté,
> plus profondément aussi ses racines s'enfoncent dans la terre,
> dans les ténèbres et l'abîme. »
>
> Friedrich Nietszche, *Ainsi parlait Zarathoustra*

Chapitre 3

Leçons de vie, sagesse et inspiration

La nature continue de m'émerveiller et de me surprendre chaque jour. Les leçons de vie et les souvenirs que l'on en retire sont uniques.

Cultiver sa gratitude face aux surprises de la nature

Fin octobre, dans le massif du Queyras, parc naturel régional dans les Alpes françaises, quand les mélèzes perdent leurs aiguilles. C'est une période où il peut y avoir de la neige à une altitude de 2 300 mètres. Nous étions partis avec un ami pour sept jours de trekking. À 17 heures, l'orage gronde, on monte notre tente à la hâte sous une pluie glaciale de neige fondue. Pendant la nuit, la pluie se transforme en neige. À 3 heures du matin, nous sommes réveillés par les aboiements de deux loups : un jeune et un adulte. Le réveil sous la neige fut un moment unique ; encore éberlués du spectacle sonore de la nuit, nous reprenons la route pour monter le col de Chamoussière, à 2 900 mètres. Dans la neige, nous suivons les traces de pas des loups entendus pendant la nuit… Le sentiment de gratitude a été notre compagnon de route, tout émerveillés que nous étions de cette rencontre fortuite offerte par la nature.

Surmonter les épreuves : la résilience

Le contact avec les arbres nous donne une belle inspiration, une leçon de résilience : rien n'est jamais gagné et l'arbre pousse malgré les épreuves. La vie d'un arbre est un combat perpétuel pour la croissance. Regarder un arbre permet à l'humain de comprendre qu'il faut toujours tenter de tirer le meilleur parti de là où tombe la graine, de l'endroit où elle va germer. Notre environnement de naissance ne nous a pas donné toutes les conditions favorables à notre croissance ? Ou bien nous avons dû essuyer des tempêtes dans nos années d'existence ? Comme l'arbre, nous avons su continuer, inexorablement, à nous élever vers le ciel et à garder une stabilité et un ancrage puissant dans nos racines.

C'est une leçon de force morale aussi : un arbre s'est battu pour être en vie. En effet, seul un chêne sur 100 000 dépassera les cent premières années. Celui que vous enlacez est donc une formidable source d'inspiration.

Les arbres sont partout dans les traditions religieuses et spirituelles

Incarnation parfaite de l'équilibre entre la terre et le ciel, exemple de verticalité.

Il est fascinant de constater que toutes les religions intègrent des arbres à leurs mythologies et croyances. Qu'il soit à l'origine de l'humanité, ou encore incarnant la droiture, la force, la longévité, ou la fertilité, ou encore la sagesse. Les arbres sont également des symboles de la renaissance et de la vie éternelle, ou bien abritent l'âme des défunts : alors qu'il semble mort en hiver, le printemps fait renaître la vie.

Laissez-vous inspirer par les arbres et le hasard des rencontres que vous ferez au gré de vos promenades : aucun mot ne peut décrire ce que l'on ressent en regardant deux écureuils se pourchasser dans un noyer, en entendant un pic-vert ou le brame du cerf. Ces éléments sont des sources d'émerveillement très simples et pourtant très puissants. Puisez-y votre force, votre inspiration et votre audace !

Belles initiatives

Connaître pour protéger et développer… De plus en plus d'initiatives enthousiasmantes voient le jour partout dans le monde.

Les forêts de demain

Les forêts de demain sont là où on ne les attend pas : les nouveaux projets architecturaux urbains ont pour la plupart intégré la notion fondamentale de nature en ville. Bâtiments verts, éco-concus, habitats partagés et fermes urbaines, il est impensable aujourd'hui de rénover ou de construire sans faire la part belle au monde végétal.

La ville verte est certes une ville mieux oxygénée, où l'on respire un air pur, mais pas uniquement. La vision du végétal substitue, profondément et inconsciemment au cœur de chacun de nous, l'angoisse à l'apaisement. Les bruits citadins sont atténués, les angles droits, durs, des constructions humaines sont remplacés par les formes harmonieuses et ondulantes des végétaux. Le délassement que procure la présence d'arbres en ville va bien au-delà d'une simple régulation de la pollution, c'est un facteur majeur de santé psychique.

Les arbres remarquables

Il est très probable que juste à côté de chez vous se dresse un grand sage vénérable qui a traversé les âges. Il peut devenir, comme c'est le cas pour moi, un point de repère lors d'une sortie de sylvothérapie et lorsque vous avez besoin de vous ressourcer. J'affectionne un sapin vieux de 500 ans qui se trouve dans les Vosges et dont le nom, le « Roi soleil », porte à lui seul toutes les promesses de sa force et de son incroyable longévité. Un arbre remarquable se distingue par son âge avancé (qui dépend de l'espèce), sa hauteur, la circonférence de son tronc, son aspect parfois noueux, ainsi que les légendes et croyances qui y sont associées. Certains arbres remarquables (feuillus et conifères) sont indiqués sur les cartes IGN par un petit logo rouge en forme de feuillu ou de conifère auquel est souvent accolé un nom.

Les villes sont de plus en plus nombreuses à mettre en valeur les arbres, parfois centenaires ou même davantage, qui vivent là. Par exemple, la ville d'Angers a imaginé un parcours dans le Jardin des plantes mettant en avant pas moins de 70 arbres remarquables, dont on peut scanner la fiche avec son Smartphone pour en apprendre plus. La ville de Nancy a quant à elle créé un parcours numérique permettant de déambuler dans la ville à la rencontre des vieux arbres. J'aime penser que chaque arbre est un monument qui a beaucoup d'histoires à raconter sur la ville où il se trouve.

Les jardins botaniques

De Montpellier à Lille, de Strasbourg à Brest, de Monaco au Havre, de nombreuses villes abritent des jardins botaniques. S'ils ne vous permettent pas de vous extraire totalement de l'ambiance citadine pour une séance de sylvothérapie, les jardins botaniques vous offrent la possibilité de vous familiariser avec beaucoup d'espèces d'arbres différentes.

Pour préparer malgré tout une séance de sylvothérapie au jardin botanique, emportez votre carnet pour prendre des notes ou y dessiner la silhouette des arbres, la forme de leurs feuilles, la couleur de leur tronc et sa texture… Pour savoir où se trouve le jardin botanique le plus proche de chez vous, consultez la carte des jardins botaniques de France et des pays francophones sur Internet (www.jbf-pf.org).

Les initiatives européennes, nationales et régionales

En Europe

Depuis 1992, l'Union européenne met au cœur de sa nouvelle stratégie la santé des forêts. Une grande partie des forêts du continent abritent des espèces protégées par la législation européenne. Un tiers de la surface est labellisée « Natura 2000 » : les États membres s'engagent à la conservation et à la protection de ces réservoirs de la biodiversité. En France, par exemple, beaucoup d'endroits sont concernés par cette protection européenne, notamment les marais salants de Guérande en Loire-Atlantique, la chaîne des Puys en Auvergne, mais aussi la plaine et le massif des Maures dans le Var ou encore la forêt de Fontainebleau en Seine-et-Marne.

Au niveau national

L'Office national des forêts a créé un label pour faire connaître et mettre en avant notre patrimoine forestier et le protéger. Le label Forêt d'Exception® concerne dix-sept territoires, sept forêts sont labellisées (Fontainebleau, Verdun, Grande Chartreuse, Rouen, Val Suzon, Montagne de Reims, Bercé) et dix autres sont en cours de labellisation (le bassin d'Arcachon, Compiègne, le massif du Valier, le Tronçais, les volcans de Martinique, la Sainte Baume, les Camporells, Boscodon, l'Aigoual et Haguenau). La charte, en dix points, comprend à la fois la gestion forestière et l'éco-tourisme, dans une démarche résolument durable.

En 2019, dans un autre contexte, sera créé le Parc national des forêts de Champagne et Bourgogne. Cet endroit remarquable par sa biodiversité et son économie locale, entre Haute-Marne et Côte d'Or abrite des feuillus de plaine. Près de 80 % de cette forêt existait déjà au moment de la Révolution française. C'est près de 3 000 hectares de réserve intégrale pour une superficie totale de 241 000 hectares qui sera protégée et valorisée. C'est le premier Parc national en France dédié à la forêt, sa création prouve l'importance croissante accordée à la forêt en France.

Au niveau régional

Les deux exemples qui suivent, parmi tant d'autres, sont une évocation des initiatives qui fleurissent partout en France, grâce à une volonté affirmée des acteurs locaux à s'engager pour la nature et la préservation de la biodiversité. J'aime cette phrase que l'on trouve dans la publication des parcs naturels régionaux de France : « Il faudrait pouvoir faire comme les bergers en montagne : déplacer régulièrement les parcs », car chaque région regorge de forêts et d'arbres qui doivent être protégés et valorisés.

Les Vosges

Le département des Vosges, qui compte 48 % de surfaces boisées, a mis à l'honneur la nature et le ressourcement depuis 2012 en réunissant de nombreux acteurs locaux et leurs produits favorisant le bien-être. C'est dans cette optique que vous pouvez pratiquer la sylvothérapie avec moi lors de vos prochaines vacances dans les Vosges. Le label « Forê – L'effet Vosges » promeut les bienfaits de cet environnement exceptionnel.

Le Massif central

Dans les parcs naturels du Massif central, une entreprise d'envergure a été menée pour repérer, *via* une étude cartographique poussée, les forêts anciennes. Pas moins de neuf parcs naturels régionaux et un parc national, celui du Massif central, ont participé à cette cartographie, mettant en commun leurs recherches. Ces forêts, peuplées de nombreux vieux arbres, de bois mort, sont des niches écologiques et de véritables réservoirs de la biodiversité. Mieux les localiser permet de mieux les protéger. L'incroyable valeur de ce patrimoine que représentent ces forêts anciennes fait partie de l'héritage que nous transmettons aux générations futures.

La région PACA

Le Parc Naturel Régional de la Sainte-Baume s'étend sur vingt-six communes des départements du Var et des Bouches du Rhône, c'est le cinquante-deuxième et dernier Parc Naturel Régional créé à ce jour. Sur les 108 000 hectares que compte le parc, on trouve 70 % de forêts. Autant d'occasions de rencontrer les chênes verts, les pins d'Alep, les hêtres, les érables, les ifs et les tilleuls. Le sylvotourisme s'y développe au travers d'hébergements et d'activités culturelles, sportives et artistiques.

> « Mon ombre, encore tranquille et solitaire,
> Dans les forêts cherchera le repos. »
>
> François René DE CHATEAUBRIAND

Conclusion

J'espère sincèrement que cette immersion dans mon bain de forêt vous aura plu et que vous disposez maintenant de tous les outils et de toutes les méthodes pratiques pour aller à la rencontre de nos forêts et arbres proches de chez vous. Il ne fait aucun doute que vous savez être attentif à ce milieu fragile et je souhaite de tout cœur que vous veilliez à sa protection.

Bibliographie

Références des livres :

— *La Vie de la forêt*, Bernard Fischesser, Éditions de La Martinière, Paris, 2009.

— *Forêt et santé : guide pratique de sylvothérapie. Découvrez les effets bienfaisants de la forêt sur le corps et l'esprit*, Georges Plaisance, Éditions Dangles, coll. « Écologie et survie », 1985.

— *Le Petit Larousse des plantes qui guérissent. 500 Plantes et leurs remèdes*, Gérard Debuigne, François Couplan, Éditions Larousse, 2016.

— *La Phytothérapie : se soigner par les plantes*, Dr Jean Valnet, Éditions Le Livre de Poche, 1986.

— *Gemmothérapie. Les bourgeons au service de la santé. Guide pratique et familial*, Stéphane Boistard, Éditions de Terran, 2016.

— *Les Plantes des Vosges. Médecine et traditions populaires*, Christian et Élisabeth Busser, Éditions La Nuée bleue/DNA, Strasbourg, 2005.

Références des études :

— Page 29 : Étude du Crédoc : http://www.credoc.fr/pdf/Rapp/R337.pdf.

— Page 29 : Inserm 2016 : https://www.inserm.fr/actualites-et-evenements/actualites/led-pas-si-inoffensives-ca.

— Page 31 : « Rester assis tue plus que le tabac », article du *Monde* daté du 24 janvier 2014.

— Page 43 : *Physiological Effects of Shinrin-yoku (Taking in the Atmosphere of the Forest) in an Old-Growth Broadleaf Forest in Yamagata Prefecture*, Japan. Yuko Tsunetsugu, Bum-Jin Park, Hideki Ishii, Hideki Hirano, Takahide Kagawa, Yoshifumi Miyazaki.

— Page 45 : Enquête « Parlons travail » conduite en mars 2017 par la CFDT.
— Page 46 : fin de l'encadré « *Interior Plants May Improve Worker Productivity and Reduce Stress in a Windowless Environment* [1996] » Lohr V.I., Pearson-Mims C.H., Goodwin G.K.
— Page 47 : *Tree and Forest Effects on Air Quality and Human Health in the United States*, David J. Nowak, Satoshi Hirabayashi, Allison Boding, Eric Greenfield, 2014.
— Page 48 : *Shinrin-yoku (Forest-Air Bathing and Walking) Effectively Decreases Blood Glucose Levels in Diabetic Patients*, Ohtsuka Y., Yabunaka N., Takayama S., 1998.
— Page 49 : *Forest Bathing Enhances Human Natural Killer Activity and Expression of Anti-Cancer Proteins*, Li Q., Morimoto K., Nakadai A., Inagaki H., Katsumata M., Shimizu T., Hirata Y., Hirata K., Suzuki H., Miyazaki Y., Kagawa T., Koyama Y., Ohira T., Takayama N., Krensky A.M., Kawada T., 2007.
— Page 50 : *Psychological Effects of Forest Environments on Healthy Adults: Shinrin-Yoku (Forest-Air Bathing, Walking) as a Possible Method of Stress Reduction*, Morita E., Fukuda S., Nagano J., Hamajima N., Yamamoto H., Iwai Y., Nakashima T., Ohira H., Shirakawa T., 2007.
— Page 121 : Selon une étude de la société de recherche autrichienne du musée Joanneum de Graz et de l'*Human Resources Improvements* (Suisse).
— Page 149 : *Physiological and Psychological Effects of Viewing Forest Landscapes in a Seated Position in One-Day Forest Therapy Experimental Model*, Ikei H., Song C., Kagawa T., Miyazaki Y.
— Page 151 : Int J Environ Res Public Health. 18 juillet 2017 ; *Physiological Effects of Touching Wood*, Ikei H., Song C., Miyazaki Y.
— Page 153 : *Physiological Effect of Olfactory Stimulation by Hinoki Cypress (*Chamaecyparis obtusa*) Leaf Oil*, Ikei H., Song C., Miyazaki Y.
— Page 176 : Q. Li, K. Morimoto, M. Kobayashi, H. Inagaki, M. Katsumata, Y. Hirata, K. Hirata, H. Suzuki, Y. L. Li, Y. Wakayama, T. Kawada, B. J. Park, T. Ohira, N. Matsuf, T. Kagawa, Y. Miyazaki et A. M. Krensky, « *Visiting a Forest, but not a City, Increases Human Natural Killer Activity and Expression of Anti-Cancer Proteins* », *International Journal of Immunopathology and Pharmacology*, 2008.

Remerciements de l'auteur

Ce livre est l'aboutissement de plusieurs années d'immersion en forêts de montagne à la découverte des paradis perdus. Je voudrais remercier certaines des personnes qui m'ont guidé et accompagné sur ce long chemin.

Je pense d'abord à Agnès, Hélène, Élisabeth et Anne pour leur confiance et leur soutien tout au long de l'écriture de ce livre, à Anne-Charlotte pour sa patience et sa collaboration dans l'élaboration de l'ouvrage, à Clémentine pour sa relecture, à Astrid et Julien pour leur énergie et les fous rires partagés dans la forêt de la Malepère. Malgré vos agendas chargés vous êtes parvenues à me donner l'impression que mon livre était le seul dont vous vous occupiez chez Marabout.

Je pense à ma famille, à commencer par mes parents Marie-Hélène et Patrick, mon frère Nicolas, Angeline ma belle-sœur et mes tantes, votre amour inconditionnel et vos encouragements m'ont toujours accompagné dans mes projets les plus fous.

À mes filleules Maëlys et Alix, à Héloïse, vous êtes les petits mélèzes qui veilleront sur nos forêts de demain.

À mes amis, Julien, Nicolas, Isabelle, François et Claire pour votre amitié profonde en toutes circonstances.

Et enfin, à ma grand-mère Alberte de m'avoir transmis cette sensibilité, la ligne bleue des Vosges veille sur toi.

REMERCIEMENTS DE L'AUTEUR

Anne-Charlotte Fraisse remercie :

Hélène Gédouin et Agnès Vidalie pour leur confiance, leur clairvoyance et leur enthousiasme. Leurs commentaires et relectures attentives ont fait de ce livre ce qu'il est.

Mes trois mousquetaires de la bonne humeur Marc, Erik et Clément. Vous avez su être là pendant cette période intense en émotions. Vous m'avez permis de garder le cap. Merci les gars. Ma famille, à commencer par mes parents, Françoise et Georges-Claude, mes frères Jérôme, Frédéric et Thibault et Magalie, ma belle-sœur. Merci de votre soutien inconditionnel et de votre amour bienveillant. Mon père, Benoît, merci de m'avoir donné le virus des mots ! Mes nièces et mon neveu, Clémence, Alyssa, Lana et Quentin, savoir que vous êtes les adultes de demain me donne confiance en l'avenir.

Mes formidables amis : Johanna, Stéphane, Guillaume, Claire, Hortense, Margot, Caroline, Deborah, Uldrif, Julien, Yoann, Pauline, Valérie, Lauren. La vie ne serait pas parfaite sans vos sourires, votre courage, nos bêtises et votre amitié.

Et enfin merci à Éric Brisbare de m'avoir accordé sa confiance. Écrire son premier livre est une aventure un peu folle, je suis honorée de l'avoir partagée avec toi.

Composition et mise en pages
Nord Compo à Villeneuve-d'Ascq

Achevé d'imprimer chez Grafica Veneta
Pour le compte des éditions Hachette Livre (Marabout)
58, rue Jean-Bleuzen, 92160 Vanves Cedex.
Dépôt légal : mars 2018

ISBN : 978-2-501-13399-9
7599724/03